I MITI

Luciano De Crescenzo

volumi già pubblicati
in edizione Mondadori

Così parlò Bellavista
Croce e delizia
Oi dialogoi
Il dubbio
Elena, Elena amore mio
I grandi miti greci a fumetti
I miti degli Dei
I miti degli eroi
I miti della guerra di Troia
I miti dell'amore
La Napoli di Bellavista
Nessuno
Raffaele
Storia della filosofia greca - I
Storia della filosofia greca - II
Usciti in fantasia
Panta rei
Socrate
Vita di Luciano De Crescenzo scritta da lui medesimo
Zio Cardellino

Luciano
De Crescenzo

ORDINE E DISORDINE

i Libri di Paolo Caruso

Arnoldo
Mondadori
Editore

ISBN 88-04-43265-9

I edizione I libri di Luciano De Crescenzo aprile 1996
I edizione I Miti luglio 1997

Questo volume è stato stampato
presso Arnoldo Mondadori Editore S.p.A.
Stabilimento Nuova Stampa - Cles (TN)
Stampato in Italia - Printed in Italy

Ordine e Disordine

«Bisogna avere in sé il caos
per partorire una stella che danzi.»

Friedrich W. Nietzsche

A Michelangelo

Premessa

Nella vita ho avuto modo di frequentare gli ambienti più disparati: da quello della IBM, dove l'Ordine è un abito mentale indispensabile per fare carriera, a quello dello Spettacolo, dove il Disordine viene considerato un presupposto per avere successo. L'esperienza, comunque, mi ha insegnato a usarli entrambi e senza mai assumere atteggiamenti preconcetti. Proverò in queste pagine a illustrarne vantaggi e svantaggi.

Confesso che mi piacerebbe gettare giù le mie riflessioni a caso, così come vengono. Temo, però, che mi perderei per strada. Sarebbe bene, infatti, che mi costruissi prima una scaletta, o quanto meno un piccolo elenco di argomenti da trattare. Potrei, ad esempio, iniziare con l'Ordine e il Disordine in politica, proseguire con l'arte, l'amore e l'abbigliamento, e terminare in bellezza con la filosofia... Ma, così facendo, terrei troppo a freno la fantasia. E allora decido di lasciarmi andare, senza mai perdere di vista la tesi che intendo illustrare... Vabbè, ho capito: anche per parlare di Disordine ci vuole un minimo d'Ordine.

I

La quaterna secca

E chi se la scorda più la sera in cui Alfonso Pisacane, anche detto Fofò, vinse la quaterna secca sulla ruota di Napoli! Fu la festa, in senso assoluto, dove mi sono più divertito nella vita.

Era l'inizio degli anni Cinquanta. Natalino Otto cantava *Ritmo ritmo, ritmo per favore* e mio padre, ogni volta che la radio lo mandava in onda, se ne usciva dalla sala da pranzo scandalizzato. Esclamava «Africa!» e si rifiutava di sentirlo fino alla fine. Mia madre, invece, molto più mite, si accontentava di un modesto «dove andremo a finire».

Noi a Napoli, a eccezione del comandante Lauro, eravamo tutti poveri, anzi poverissimi. Le automobili erano così rare che i vigili, in caso d'infrazione, non prendevano nemmeno il numero di targa perché lo conoscevano a memoria. La parola *week-end* non era ancora in uso e il pollo lo si mangiava o quando si era malati, o quando era malato il pollo. Non parliamo poi dei viaggi all'estero: chi partiva faceva solo il biglietto di andata, anche perché quello di ritorno, in quanto emigrante, difficilmente lo avrebbe usato. Il taxi lo si prendeva per correre all'ospedale e solo in caso di fratture agli arti inferiori. Per quelli superiori bastava il tram. Tanto per capire quale fosse il tenore di vita di una famiglia media in Italia, l'andare al ristorante era limitato ai grandi eventi familiari, tipo cresime, battesimi, prime comunioni e matrimoni. Perfino i ricchi, impropriamente detti benestanti, non stavano bene.

Fofò, invece, rappresentava l'eccezione: viveva da milionario pur non avendo una lira in tasca. Come ci riuscisse non lo so: era quello che a Napoli si chiamava uno *scapocchione,* ovvero uno scapestrato. Possedeva una vecchia Triumph, un cappotto col bavero di pelliccia e una fidanzata coperta di gioielli dalla testa ai piedi. D'accordo che erano tutti falsi, però intanto lei, falsi, li aveva, e le nostre fidanzate no. Come età, stava sui quaranta, anno più anno meno. Aveva i capelli lunghi sul collo e le mani che denotavano l'intervento regolare di una manicure. Unico mestiere praticato il poker. Purtroppo per i suoi compagni di gioco, però, nessuno lo aveva mai visto tirare fuori dal portafoglio una cento lire. Quando perdeva si alzava con molta calma, e con un'erre moscia da applauso mormorava:

«Entro ventiquattr'ore onorerò l'impegno.»

Poi le ventiquattr'ore passavano e lui non onorava un bel niente. Fu così che venne cacciato da tutti i circoli cittadini. Inutilmente tentò di cambiare piazza e di trasferirsi a Roma. I club romani, prontamente informati da quelli napoletani, gli chiusero le porte in faccia. L'unico sodalizio che ancora ne tollerava la presenza era il Tennis Club Vomero, a patto, però, che non mettesse piede in sala da gioco, eufemisticamente chiamata «sala di lettura».

Si racconta che una volta, subito dopo la fine della guerra, avesse sbancato il casinò di Montecarlo, e che il direttore del casinò in persona lo avesse supplicato di allontanarsi dalla roulette per evitare che tutti gli altri giocatori lo seguissero nelle puntate. Queste cose incredibili era lui stesso che le raccontava, e dal momento che a noi piaceva sentirle, nessuno le metteva in dubbio.

«E poi,» gli chiedevamo «che ne hai fatto dei soldi?»

«Non lo so e non me ne importa» rispondeva lui con aria di disgusto. «A me i soldi fanno schifo!»

Incredibile a dirsi, Fofò aveva un fratello gemello che non gli somigliava praticamente in nulla. Tanto lui era un casinista, un avventuriero, un puttaniere, un bugiardo, quanto il gemello era posato, riflessivo, onesto e cattolico osservante. Fofò corteggiava tutte le donne che gli capitavano a tiro. Il fratello non osava alzare lo sguardo su alcuna esponente dell'altro sesso: era serio, puntuale, puritano e non avrebbe tradito la moglie per nessuna ragione al mondo.

Notaio da sempre (stavo per dire dalla nascita), il dottor Emiliano Pisacane si era sposato con una professoressa di lettere della sua stessa età, e aveva avuto quattro figli: il primo, Osvaldo come il nonno, la seconda, Assunta come la nonna, la terza, Maria Addolorata come la Madonna, e la quarta, Maria Sofia come l'ultima regina dei Borbone, la sorella di Elisabetta, imperatrice d'Austria.

Li si poteva incontrare, tutti e sei, in fila, e in ordine di età, ogni domenica mattina alle nove, all'entrata della chiesa di San Francesco in via Aniello Falcone. A sentire Fofò, sul passaggio della famiglia Pisacane sotto il portale della chiesa si sarebbero potuti regolare i cronometri dell'osservatorio di Greenwich.

Noi del circolo, i due gemelli li avevamo battezzati rispettivamente Ordine e Disordine. Meglio di loro, infatti, nessuno avrebbe potuto incarnare queste due forze cosmiche. Secondo il professore Urbani, unico socio filosofo del Tennis Vomero, erano gemelli solo da parte di madre, essendo stati concepiti in una notte di luna piena dagli Dei dell'Olimpo: il notaio da Apollo e Fofò da Dioniso.

«E che vuol dire?» chiedevamo noi.

«Studiatevi Nietzsche» tagliava corto lui, indignato che nessuno di noi avesse mai letto *La nascita della tragedia*.

Sul notaio circolavano strane leggende, come quella relativa a una sua grande e sfortunata storia d'amore. Pare, infatti, che a ventidue anni Emiliano si fosse innamorato di una sua compagna di università, tale Caterina Improta, detta anche «Caterina la bona» per distinguerla da un'altra Caterina Improta, definita «Caterina la racchia». Secondo i bene informati, la «bona» avrebbe volentieri ricambiato le attenzioni dell'aspirante notaio se non fosse stata già fidanzata con il più grande amico di quest'ultimo. A quel punto Emiliano dovette scegliere: o tradire l'amico o rinunziare al grande amore. Ovviamente optò per la seconda soluzione. Non solo, ma accettò anche di fargli da testimone di nozze. Racconta Fofò che, al momento della firma sul registro, al fratello cadde una lacrima giusto sul nome della sposa.

«Tu, invece, che avresti fatto?» chiedevamo a Fofò. «Le avresti impedito il matrimonio?»

«Per carità!» rispondeva lui con la massima serietà. «L'avrei fatta sposare lo stesso, salvo poi portarmela a letto non appena il mio amico andava in ufficio. A mio fratello, invece, piace soffrire: basta dire che fa ancora l'amore con la moglie dopo diciassette anni di matrimonio!»

Ma passiamo al giorno della quaterna secca. Era un sabato di novembre, piovoso, e come sempre al circolo ci si annoiava a morte. Stavo lì, con il «Mattino» tra le mani, a studiarmi i film che davano quella sera al Vomero, quando, improvvisamente, sentii un grido disumano provenire dall'ingresso: era Carmine, il capocameriere.

«'A quaterna, 'a quaterna!»

Tutti ci precipitammo lì dove provenivano le voci, e potemmo vedere Fofò Pisacane che, con mano tremante, agitava in aria un biglietto del Lotto sul quale comparivano in bella sequenza ben quattro dei cinque numeri estratti quella sera sulla ruota di Napoli. Per la cronaca: 10, 16, 22 e 36.

Fofò e Carmine avevano appena ascoltato le estrazioni alla radio.

«*Ma comme se fa a 'ngarrà quatto nummere 'e seguito?*»[1] chiedeva Carmine ai presenti con le lacrime agli occhi, già pregustando la favolosa mancia che di sicuro Fofò gli avrebbe elargito.

«E quanto hai vinto, quanto?» chiedemmo noi al fortunato vincitore.

Fofò con voce flebile, quasi stesse per svenire, rispose:

«Non lo so: ho giocato cento lire.»

«Quaterna secca?»

[1] Ma come si fa a indovinare quattro numeri di seguito?

«Quaterna secca.»
«Su Napoli?»
«Su Napoli.»

Il dottor Avallone, titolare della famosa fabbrica di materassi (quella dello slogan: «Con Avallone si dorme benone»), praticamente laureato in lotto e lotterie, fece subito il conto.

«La quaterna paga ottantamila volte la posta e a questo punto il conto è bello che fatto: cento moltiplicato ottantamila fa otto milioni!»

«Otto milioni!» gemette Carmine, gettandosi di peso su una poltrona. «E quanti sono otto milioni?»

«Sono otto milioni» rispose il dottore Avallone, che nei calcoli non sbagliava mai.

Ebbene, otto milioni nel '52 erano una somma di tutto rispetto. Tre anni dopo, infatti, la massima vincita prevista a «Lascia e Raddoppia» sarebbe stata di «soli» cinque milioni. Con otto ci si comprava un appartamento con doppi servizi al centro di Napoli.

La voce si sparse con la velocità del suono. Nel giro di pochi minuti non c'era circolo nautico, associazione culturale, riunione di condominio o salotto bene, dove non si commentasse la quaterna secca vinta da Fofò Pisacane. Solo la somma variava: c'era chi parlava di un milione e chi di cento milioni! Cominciarono ad arrivare le prime telefonate.

«Ma è vero?»

«Sì, è vero.»

«E avete controllato?»

«Abbiamo telefonato al Giornale Radio e ci hanno dato la conferma. Sono usciti tutti e quattro: 10, 16, 22 e 36. Proprio così, come lui li ha giocati, nell'ordine.»

«E come ha fatto a indovinarli tutti e quattro? Li avrà avuti in sogno?»

«Non credo. Se li osservate con un minimo di attenzione vi accorgerete che hanno tutti un qualcosa a che fare con Fofò: 10 è il giocatore, 16 la fortuna, 22 il pazzo e 36 il gemello. Come dire: "Tu sei il gemello pazzo che a forza di giocare prima o poi finirà col vincere una fortuna!".»

«E il quinto numero qual è?»

«Il 65.»

«Le lacrime?»

«Sissignore, le lacrime. Ma è un numero che non si addice a Fofò. Che io sappia, nessuno l'ha mai visto piangere.»

«E quanto ha vinto?»

«Otto milioni.»

«Ma sarà vero?»

Il dubbio si sciolse quella sera stessa. Fofò invitò per il giorno dopo tutti gli amici più cari a un pranzo di festeggiamento. Il ristorante scelto fu «Salvatore ai Camaldoli», un ottimo locale, famoso a Napoli per il «ragù alla cafona». Fofò invitò solo i soci maschi, anche perché alle signore (così disse) avrebbe provveduto lui di persona. E difatti, come entrammo nel ristorante vedemmo ventiquattro prostitute, tutte in alta uniforme, che ci stavano aspettando col sorriso sulle labbra. Per la cronaca erano state ingaggiate da Fofò al prezzo di lire tremila ciascuna, tutto compreso. Ci sedemmo a posti alternati: un socio e una puttana, un socio e una puttana. Quarantotto in tutto, quarantanove con Fofò. Data la presenza delle puttane, il festeggiato aveva pensato bene di non invitare la propria fidanzata.

Il fortunato vincitore ci accolse con un calice di champagne tra le mani inneggiando alle donne, al Banco del Lotto e alla vita. Poi chiamò in disparte i camerieri e, dopo aver tirato fuori dalla tasca cinque biglietti da mille lire, larghi come lenzuoli, disse:

«Ragazzi, a fine pranzo, consegnerò, come mancia, nelle mani di don Salvatore queste cinquemila lire. Desidero però che da qui i miei amici escano tutti ubriachi. Questa serata se la dovranno ricordare, e sarà vostro compito riempire in continuazione i bicchieri.»

«E se la ricorderanno, dottò, se la ricorderanno!» risposero in coro i camerieri applaudendolo fragorosamente.

Alla fine del pranzo si spensero le luci e arrivarono quattro torte alla crema: ciascuna con un numero di cioccolata disegnato al centro e con le relative candeline. I numeri, ovviamente, erano quelli della quaterna.

Al momento del brindisi, tutti invocarono il discorso.

È passato molto tempo da allora ed è naturale che io, adesso, non me lo ricordi parola per parola. Il senso, però, fu grosso modo questo:

«Carissimi amici, avete mai pensato che i soldi fanno schifo? Seguitemi un attimo e vi accorgerete che ho ragione. Un biglietto da mille lire altro non è che un pezzo di carta... a volte anche sporco. Siamo noi, con i nostri limiti mentali, con la nostra incapacità di capire il vero senso della vita, a dargli importanza. Oggi sono ricco, e voi mi guardate con gioia. Ieri ero povero, e voi cambiavate marciapiede per paura che potessi chiedervi cento lire in prestito. Eppure io, Alfonso Pisacane detto Fofò, sono sempre lo stesso. Se ieri ero una brava persona, anche oggi lo sono. Se ieri ero cattivo, anche oggi dovrei esserlo. E allora vi chiedo: è mai possibile che il vostro giudizio dipenda solo da quanti soldi ho qui, dietro il culo, nella tasca dei pantaloni?»

Applausi scroscianti. Soprattutto le puttane approvarono entusiaste. Tutti alzarono il calice per brindare, ma Fofò non aveva ancora finito. Invitò gli amici a sedersi di nuovo, quindi prese dal portafoglio il biglietto con la quaterna secca, e gli fece fare il giro dei tavoli. Tutti toccarono la miracolosa strisciolina di carta e si emozionarono al contatto.

«Eccolo qui colui che ha fatto il miracolo, il biglietto vincente: questo è l'oggetto che ha modificato da così a così il vostro parere nei miei confronti. Guardatelo con attenzione: sono "solo" otto milioni. Domani mi recherò nella sede napoletana dell'Ente Lotto e Lotterie, debitamente scortato dall'avvocato Gambardella qui presente, e i dirigenti dell'Ente mi accrediteranno in banca l'intera somma. Otto milioni! Ma a cosa possono servire, mi chiedo, otto milioni? A essere amato? A non ammalarsi? A diventare immortale? Qualcuno di voi potrebbe rispondere: a soddisfare tutti i desideri. E quali sarebbero poi questi desideri? Un bicchiere di champagne? Ma se l'ho appena bevuto. Un piatto di tagliatelle al ragù? Ma se l'ho appena mangiato. La compagnia di una donna? Ma, volendo, potrete averla questa sera stessa... di qui a un'ora. E perciò vi chiedo: in sincerità, dopo averla avuta, diventerete davvero felici? Non credo. Non è col denaro che si può comprare la felicità, è solo l'inaspettato, la sregolatezza, la follia, il disordine, che può compensarvi dell'attesa. Ed è per questo motivo che io, questa sera, ho per tutti gli amici presenti un'ultima sorpresa. Voi, nel frattempo, cercate di praticare l'*akremata,* il distacco dalla ricchezza, e non lasciatevi corrompere!»

Ancora applausi, risate, bicchieri che si urtano, quindi il colpo di scena: subito prima del caffè, Fofò sparì per sempre, dal ristorante, dal circolo e dalla nostra vita. Spiegazione: non aveva vinto nessuna quaterna e non aveva nemmeno i soldi per pagare il conto.

Di Fofò non si ebbero più notizie. C'è chi dice che emigrò in India, chi in Sud America, chi in Egitto (dove sarebbe stato visto su un battello, sul Nilo, mentre giocava a ramino con un emiro arabo). C'è, infine, chi lo segnalò in Australia, dove per vivere avrebbe organizzato incontri di boxe, ovviamente truccati, tra canguri.

Quello che invece accadde nel ristorante, subito dopo la sparizione di Fofò, fa parte della mitologia del Tennis Club Vomero. Le prostitute volevano da ognuno di noi le tremila lire pattuite. I soci, giustamente, si rifiutarono.

Io, alla mia, glielo dissi chiaro e tondo:

«Gentile signora,» le precisai «non ho il piacere di conoscerla, né ho mai apprezzato la sua bravura che do per scontata. Ringrazi Iddio di aver preso parte a una bella cena e non chieda di più alla sorte.»

Lei mi chiamò «ricchione», e mi sbatté la borsetta sulla testa.

Don Salvatore, il padrone del ristorante, fece chiudere a doppia mandata tutte le porte e urlò che nessuno sarebbe uscito dal suo locale se prima non avesse pagato il conto per sé e per la sua signora. Per tutta risposta l'avvocato Gambardella lo preavvisò che lo avrebbe denunciato per sequestro di persona e

Indice

don Salvatore rispose che invece sarebbe stato lui a denunciarlo per associazione a delinquere. I camerieri, fattisi bene i conti, volevano da ciascuno di noi duecentodieci lire, ovvero le cinquemila lire promesse da Fofò divise per il numero dei cavalieri. L'ingegnere Perrone Capano, mentre tutti urlavano, cercò di finire la sua porzione di dolce alla crema ma don Salvatore gliela portò via da sotto il naso, dandogli del ladro. Altra minaccia di denuncia da parte di Perrone Capano. Altra minaccia di denuncia per associazione a delinquere da parte di don Salvatore. Arrivarono i carabinieri e tutti noi, puttane comprese, fummo costretti a mostrare i documenti. Solo così ci lasciarono tornare a casa. La mia compagna di tavola mi inseguì fino alla fermata dell'autobus, cercando una riconciliazione in extremis.

«Tu però mi sei simpatico» diceva. «Se vuoi, ti porto a casa mia e ti faccio anche lo sconto: tutta la notte duemila lire e non ne parliamo più.»

Il giorno dopo i commenti si sprecavano.

«Secondo me, aveva deciso di lasciare Napoli e ha voluto uscire di scena in modo clamoroso.»

«Sì, però, un pochino mi dispiace che non abbia vinto la quaterna. In fondo in fondo, se la meritava.»

«Don Salvatore potrebbe rivalersi sul fratello notaio.»

«Sì, buono quello! Io neanche ci proverei. Non l'ha mai voluto riconoscere come fratello. Una volta Peppino Avitabile gli chiese i soldi di un debito di gioco e lui, per tutta risposta, gli disse: "Il signor Alfonso Pisacane è troppo noto negli ambienti cittadini come persona insolvente. Mi meraviglio che lei si sia seduto al suo tavolo!".»

«Ma chi è stato l'ultimo a vederlo?»

«È stata Carmelina, la guardarobiera. Ha detto che prima è uscito, poi, un secondo dopo, si è affacciato alla porta e le ha detto: "Carmelì, a me i soldi fanno schifo!".»

II

La matematica

Dire matematica è come dire Ordine, e su questo non ci piove, poi, però, a guardarci dentro, ci accorgiamo che anche in matematica, volendo, ci si può imbattere nel Disordine. E vediamo come.

Tutto cominciò quando lessi gli scrutini esposti nell'androne del liceo Jacopo Sannazaro. Avevo conseguito il diploma di maturità classica con ottimi voti sia in Matematica e Fisica che in Filosofia. Così quel giorno mi trovai di fronte a un bivio: iscrivermi a una facoltà scientifica, come Ingegneria, o continuare gli studi classici seguendo Lettere e Filosofia? L'ideale sarebbe stata la facoltà di Matematica e Filosofia, solo che non l'avevano ancora inventata. Allora che fare?

«Ma che c'entrano le lettere con la filosofia?!» andavo imprecando. «Che importa sapere il greco e il latino quando ci sono decine e decine di traduzioni di classici, peraltro chiarissime. L'importante è capirli, i filosofi, non tradurli![1] La matematica, invece, ha molti punti di contatto con la filosofia. Fa ragionare, ma pretende anche un minimo di riflessione.

[1] Non mi rendevo conto, allora, di quanto fosse im
una buona traduzione per la corretta lettura di u

Non a caso molti grandi filosofi sono stati anche grandi matematici.»

Poi ci si mise di mezzo mio padre.

«In Italia,» mi disse «se ti vuoi morire di fame, devi fare il professore di latino e greco. Una vita di stenti: la mattina a scuola e il pomeriggio a fare il doposcuola a qualche ragazzino semideficiente. Solo i pezzenti davanti alle chiese stanno peggio!»

La spinta decisiva la ebbi da Gabry (la mia prima, vera, esperienza sessuale, da non confondere con Giuliana, mio primo amore spirituale). Gabry aveva un anno più di me e frequentava il secondo di Matematica. La incontrai in funicolare, il giorno stesso in cui stavo andando all'Università per iscrivermi.

«Dove vai?» mi chiese.

«All'Università.»

«Ma perché: hai già finito il liceo?»

«Certo che l'ho finito! Sono stato promosso a giugno con la media dell'otto.»

«Ti facevo più piccolo. E a quale facoltà t'iscrivi?»

«Lettere e Filosofia.»

«Lettere e Filosofia?! Ma che, sei uscito pazzo?! Solo gli imbranati s'iscrivono a Lettere e Filosofia. Tu poi sei pure carino. No, per carità, devi fare assolutamente ingegneria, o come minimo architettura. Ma le hai mai viste le ragazze di Lettere? Sono una più *cessa* dell'altra: hanno tutte le gambe storte e il fiato che si sente lontano un miglio!»

Gabry era razzista: aveva degli studenti, e in particolare delle studentesse di Lettere e Filosofia, una visione grosso modo simile a quella che Hitler aveva degli ebrei.

«Stammi a sentire,» mi disse «tu adesso mi ac-

compagni ad Analisi e io ti presento una maggiorata fisica che non appena la vedi stramazzi per terra. E poi voglio proprio vedere se non cambi idea!»

Entrai nell'aula di Analisi algebrica con il complesso dell'imbucato. All'ingresso un ragazzo mi chiese una sigaretta e io, per un attimo, ebbi paura che volesse chiedere il libretto per verificare se potevo entrare. In pratica era la prima volta che mettevo piede in un'aula universitaria e il cuore mi andava su e giù come il pistone di un motore a scoppio. In un certo senso mi sentivo come la prima volta che ero andato al casino e avevo corretto con la scolorina la data di nascita sulla carta di identità per fingermi maggiorenne. Gabry mi presentò l'amica maggiorata e questa, subito, senza nemmeno chiedermi come mi chiamavo, mi trattò come un bamboccio.

«E questo qui dove l'hai raccattato? All'asilo?»

Per tutta risposta io quel giorno m'innamorai, non di lei chiaramente, ma del professor Renato Caccioppoli, il famoso «matematico napoletano».

Come prima cosa sentii gli applausi provenire dall'esterno. Poi lo vidi entrare. Aveva una gardenia bianca all'occhiello; era ironico, sorridente, magro, con un che di russo nello sguardo. Non a caso, come seppi dopo, era nipote dell'anarchico Bakunin. Evidentemente non si trattava di un professore qualsiasi, o, per meglio dire, non era solo un professore, era anche una star, più o meno come se Orson Welles, invece di fare l'attore, avesse deciso di fare il docente di matematica. Alle sue lezioni veniva gente di ogni tipo e condizione. C'era chi si portava la fidanzata, chi l'amico, chi i genitori. Insomma quella, più che una lezione di analisi algebrica, era un vero e proprio spettacolo di arte varia.

Il professore, raggiunta la sua postazione preferita, a metà strada tra la cattedra e la lavagna, iniziò la lezione.

«La matematica» disse «è come la musica: ha i numeri interi e le frazioni, né più né meno di un pianoforte che ha i tasti bianchi e i tasti neri. Per capirla bisogna studiarla prima con l'anima e poi col cervello.»

E tanto bastò per farmi prendere quella decisione che invano stavo cercando da tre mesi: mi sarei iscritto a Ingegneria e avrei fatto il biennio con Caccioppoli, costasse quello che costasse, senza perdermi nemmeno una delle sue lezioni. Quel giorno il professore dedicò la giornata allo zero e all'infinito.

«Zero e infinito» dissertava Caccioppoli «non sono due numeri, come molti credono, ma due camorristi, e ve lo posso dimostrare: che cosa accade quando moltiplichiamo zero per un numero qualsiasi? Che il risultato è sempre zero. E fin qui ci arrivano anche quelli del classico [grasse risate da parte di quelli che invece provenivano dallo scientifico]. Questo succede perché lo zero è sempre più forte del suo moltiplicatore: lo distrugge, lo annienta, lo plagia. La medesima cosa, però, capita anche all'infinito: moltiplicando, infatti, infinito per un numero qualsiasi, viene sempre infinito. Se ne deduce che sia lo zero sia l'infinito creano prodotti a loro immagine e somiglianza. A questo punto non ci resta che moltiplicare zero per infinito e vedere che cosa succede. Chi dei due condizionerà l'altro? Chi dei due sarà il più forte? Chi dei due è il più camorrista?»

Caccioppoli attese per qualche secondo che qualcuno rispondesse, poi, visto che nessuno aveva il coraggio di parlare, riprese la lezione.

«Anche in questo caso la risposta è semplice. Zero moltiplicato infinito è un numero qualsiasi: potrebbe essere 18, ma anche 27, oppure 987, e questo perché dividendo uno qualsiasi di questi numeri per zero avremo sempre infinito, e dividendo uno qualsiasi di questi numeri per infinito avremo sempre zero.»

E mentre parlava scrisse sulla lavagna:

$$\frac{n}{0} = \infty \qquad \frac{n}{\infty} = 0$$

Rimasi estasiato. L'avrei sentito per ore e ore senza mai stancarmi. Oltretutto, quando parlava, muoveva le mani come se stesse dirigendo un'orchestra. Aveva due mani sottili, diafane, da pianista, più lunghe del normale, e le usava per sottolineare i concetti che a lui sembravano più importanti. La sua giacca era macchiata sui gomiti, probabilmente d'intonaco, o forse solo di gesso, ma anche se un po' trasandato restava sempre il più elegante di tutti.

Appena finita la lezione, alcuni studenti decisero di accompagnarlo a casa. Io mi accodai: l'avrei seguito anche all'inferno. Giù, all'ingresso, lo attendeva un suo amico, tale ingegnere Riccio, appassionato di matematica e filosofia. I due si incamminarono a piedi, parlottando tra loro, e noi, a debita distanza, ma con le orecchie ben tese per non perderci nemmeno una parola. Io ero il più giovane del gruppo. Mi sentivo un mortale a cui era stata concessa la grazia di ascoltare i discorsi degli Dei. Davanti a me c'erano Apollo e Dioniso che discutevano del Male e del Bene, dell'Ordine e del Disordine, dello Zero e dell'Infinito. Era una bella giornata di settembre, quasi un prosieguo dell'estate. Percorremmo via

Diaz, poi via Toledo e infine via Chiaia. Lui abitava proprio in fondo a via Chiaia, a Palazzo Cellamare.

«Renato,» chiese a un certo punto l'ingegnere «spiegami bene che cosa intendi tu per numero. È un'entità metafisica, indipendente dall'uso che se ne fa, o è un mezzo pratico per quantificare il reale?»

«Fammi un esempio» rispose Caccioppoli.

«Se io chiedo dodici mele al fruttivendolo è perché voglio che me ne dia dodici; se invece ti racconto di aver baciato tre volte la mia amante, è perché intendo dire tre baci, né uno di più né uno di meno. In questi casi sia il dodici che il tre non sono entità astratte, ma numeri reali applicati a fatti reali. Quando invece dico che Lauro ha i miliardi, il numero cessa all'improvviso di essere numero e diventa sostantivo. A questo punto ti chiedo: posso dire che zero mele equivalgono a zero baci, o c'è una differenza qualitativa tra il primo e il secondo zero?»

«Dipende dall'interlocutore» rispose Caccioppoli. «Se stai parlando a un matematico puoi usare lo zero né più né meno di come usi il tre e l'otto, se parli a un poeta no: per il poeta lo zero e l'infinito non sono numeri ma emozioni.»

Il professore e l'ingegnere filosofo si fermarono davanti alla vetrina di un negozio di abbigliamento. Lì, ferme, impegnate a discutere di prezzi, e quindi anche di numeri, c'erano due ragazze, una alquanto bruttina, l'altra decisamente bella.

«Secondo te,» chiese Riccio a Caccioppoli «esiste la bellezza nella matematica? Possiamo dire che alcuni numeri sono belli e altri sono brutti? Ed esistono numeri sensuali?»

Il professore sorrise: evidentemente la domanda lo stimolava. «A volte,» rispose «quando risolvo un

sistema di equazioni differenziali particolarmente complicato provo un sottile piacere, paragonabile forse a un orgasmo. Poi ci sono alcuni numeri che mi attraggono più di altri. Mi piacciono, ad esempio, l'1, il 3, il 7, e il 34.»

«Perché il 34?»

Caccioppoli si voltò verso di noi e disse:

«Qualcuno di voi ha un pezzo di carta?»

Ci precipitammo tutti con i nostri block notes. Il professore ne prese uno e vi scrisse sopra i seguenti numeri:

16	3	2	13
5	10	11	8
9	6	7	12
4	15	14	1

«Questo è un quadrato magico» spiegò Caccioppoli. «Comunque tu decida di operare, per riga o per colonna, avrai sempre 34 per totale. E anche se sommi i numeri dei vertici, o quelli della diagonale, avrai come risultato 34. E non basta: sommando i quattro numeri centrali avrai 34, oppure, sommando i primi due numeri della prima riga (il 16 e il 3) ai primi due numeri della seconda (il 5 e il 10) avrai ancora 34. E questo fa pensare: è, come dire... una testimonianza dell'Ordine.»

«E me ne puoi trovare una anche per il Disordine?» chiese Riccio.

Nuova pausa di riflessione. Poi rispose:

«Il Disordine potrebbe essere rappresentato dai numeri irrazionali, cioè da quei numeri che nascono come rapporto tra due numeri incommensurabili, e i cui decimali non finiscono mai, ma proseguono all'infinito. Pensa, ad esempio, al rapporto esistente tra la diagonale e il lato di un quadrato. Apparentemente sembrerebbe una banale divisione, nei fatti, invece, è un mistero che ti coinvolge. Ed è proprio in questo tipo di rapporti che si va a nascondere la bellezza. Ma ragioniamoci sopra: che cos'è la bellezza? È il rispetto delle proporzioni. E quand'è che tu dici che un viso è bello? Quando le sue fattezze sono in armonia fra loro. Il numero, allora, di per sé non vuol dire nulla, ma in quanto rapporto tra misure acquista un significato estetico. Ippaso, un giorno, volle per forza spiegare questi concetti al popolo di Crotone, e bene fece Pitagora a farlo colare a picco mentre stava prendendo il largo su una barca.»

«Lo speronò?»

«No, lo fulminò con lo sguardo, mentre era a due miglia di distanza dalla riva. Tieni presente che per Pitagora il numero era un'entità mistica.»

«Se non sbaglio, adorava il 10.»

«Proprio così: lo chiamava la divina *tetrakis*. Poi scoprì anche una corrispondenza tra i numeri e la musica. Calcolò la lunghezza delle corde della lira e trovò che per ogni accordo c'era un rapporto numerico che lo definiva: 1/2 per l'ottava, 3/2 per la quinta e 4/3 per la quarta. Tutto questo Pitagora lo chiamava *armonia*. E sempre a proposito di armonia, pensa al concetto di limite. Il limite è alla base dello studio della matematica. Sia il calcolo differenziale che quello integrale dipendono solo da lui.»

«Volendolo definire in due parole, che cos'è, per te, il limite?»

Caccioppoli non rispose subito. Come sempre si prese un po' di tempo. «È una linea timida,» disse «una linea che si accosta a un'altra linea senza avere il coraggio di toccarla. Lui, il limite, sa che non la potrà mai possedere, ma sa anche che ogni giorno che passa le sarà sempre più vicino. E cosa c'è di più bello di un desiderio che non si appaga ma che si sfiora? Mi tornano in mente quei filosofi greci che cercavano sempre la verità a patto di non trovarla mai.»

«Vuoi dire gli zeticisti?»

«Per l'appunto.»

«Adesso, però, in onore degli zeticisti, proviamo a fare un gioco: io ti dico un numero e tu mi dici la prima parola che ti viene in mente, senza, però, starci troppo a pensare.»

«Ho paura che, non pensando, finirò col darti solo risposte banali.»

«Proviamoci lo stesso. Io ti dico: uno?»

«Parmenide.»

«Due?»

«Il dubbio.»

«Tre?»

«L'amante.»

«Quattro?»

«L'apocalisse.»

«Cinque?»

«I sensi.»

«Sei?»

«La sufficienza.»

«Sette?»

«I peccati capitali, le note, i nani, i colli, i re di Roma...»

«Basta così: otto?»

«Non mi viene in mente niente.»

«Nove?»

«Beethoven.»

«Dieci?»

«Pitagora.»
«Zero?»
«La morte... per quelli che non credono in Dio.»
«Infinito?»
«La morte... per quelli che credono in Dio.»

III

La metamorfosi

È più produttivo l'Ordine o il Disordine? Non è facile dirlo: dipende dal contesto. Se si è dirigenti di azienda un archivio sempre aggiornato è indispensabile, e con esso, ovviamente, una segretaria in grado di gestirlo. Al contrario, se si è artisti (in particolare pittori) il disordine è un compagno di strada obbligato: più lo si bazzica e più aumenta la creatività. Un imprenditore fallito chiude baracca e burrattini, o al massimo si uccide, un pittore in crisi si taglia un orecchio e riprende a lavorare come se niente fosse.

Il Disordine è simpatico e l'Ordine è antipatico: su questo non ci sono dubbi. Non a caso Garibaldi è sempre stato più popolare di Cavour, pur essendo quest'ultimo il vero artefice dell'unità d'Italia. Ad andare ancora più a fondo, poi, si scopre che il merito è tutto del *look*; da una parte c'era una sgargiante camicia rossa e uno zucchetto degno di un ballo in maschera, e dall'altra una redingote nera e un gilet grigio che più grigio non si può. Ora, diciamo la verità: come si fa a preferire il grigio al rosso? Il colore della nebbia a quello del fuoco? E poi Garibaldi era bello e Cavour brutto, e anche questo ha il suo peso.

In proposito ho un episodio da raccontare, un

episodio che mi riguarda da vicino: quello delle mie dimissioni dalla IBM Italia. Quando decisi di non essere più un ingegnere informatico e di fare lo scrittore a tempo pieno, mi recai a Segrate, alla sede generale della IBM, per comunicare la cosa a chi di dovere. Era il 7 maggio del 1978. Ebbene, lo confesso: in quanto napoletano, e come tale facile alla lacrima, ero piuttosto commosso. Sembravo un liceale che doveva dire addio al suo primo amore. D'altra parte, capitemi: avevo lavorato in quell'azienda per quasi venti anni, e per quanto mi piacesse il nuovo mestiere, un certo languorino in fondo allo stomaco lo provavo.

Una volta uscito dallo studio del Grande Capo, scesi giù, nell'*open space* del secondo piano, dai miei ex compagni di lavoro. Entrai e li vidi seduti, tutti e tre, ognuno dietro la propria scrivania, così come li avevo visti il primo giorno che avevo messo piede a Milano. Giorgio, Ernesto e Stefano stavano ancora lì, con le loro scartoffie davanti, i loro diagrammi a blocco e i loro telefoni sempre in funzione. Mi guardavano stupiti per la decisione che avevo preso. Non parlavano, ma era fin troppo chiaro quello che stavano pensando:

«Lascia l'IBM per andare a fare lo scrittore! Dev'essere impazzito!»

Probabilmente pensavano che avessi avuto una crisi esistenziale o qualcosa del genere.

Avevo già teso le braccia per stringerli in un abbraccio ideale, diciamo pure collettivo, quando uno di loro mi anticipò dicendo:

«Scusaci, De Crescenzo, ma abbiamo una riunione vendite con il dottor Fiumara.»

Ebbene, credetemi, non ci vidi più dalla rabbia.

Ma come? Io vengo a salutarvi... forse è l'ultima volta che ci vediamo... vi tendo le braccia commosso... ho gli occhi ancora lucidi... e voi che fate? Mi dite che dovete andare alla riunione vendite! Che non avete nemmeno un minuto per darmi un addio degno di questo nome! Con tutte le giornate che abbiamo trascorso insieme, lavorando gomito a gomito, sempre a sgobbare, sempre a litigare con qualcuno. Con tutte le nottate che abbiamo passato davanti a un computer per un programma che non ne voleva sapere di girare!

«Avete la riunione vendite?» urlai. «Ed è la riunione vendite quella che vi meritate! Non capirete mai un cazzo della vita finché resterete chiusi qui dentro. State in carcere e non lo sapete: ecco qual è la verità! Eppure avete tutti davanti una targhetta su cui sta scritto RIFLETTETE! Ma io, Dio sia lodato, me ne vado. Io scappo. Io vado dove la gente è ancora capace di commuoversi. Tanti saluti al dottor Fiumara e a tutti i dirigenti della IBM. Spero di non incontrarvi più nella vita. Mi spiace solo che ci troviamo in un *open space* e che non posso sbattere la porta!»

Quando giunsi all'ingresso tremavo ancora per la rabbia. Dovevo ricompormi e dovevo farlo alla svelta, anche perché avevo un appuntamento alla Mondadori con il dottor Caruso, l'editor che aveva curato il mio primo libro, *Così parlò Bellavista.* Ora si dà il caso che la sede Mondadori, a Segrate, disti quasi un chilometro da quella IBM.

«Che faccio?» mi chiesi. «Faccio venire un taxi da Linate solo per fare un chilometro? Nossignore, vado a piedi, così mi calmo.»

D'accordo che avevo una valigia, ma non era molto pesante, e poi un chilometro a piedi non è chissà che cosa. Mi avviai per la strada provinciale. A destra e a sinistra c'era solo campagna. Spirava un venticello allegro, diciamo pure sostenuto. Fossi stato a Napoli ne avrei indovinato anche la provenienza. Da come era caldo si sarebbe detto un libeccio. Certo è che dopo cento metri stavo in un bagno di sudore e avevo tutti i capelli scompaginati dal vento.

«Questo è un messaggio del destino!» mi dissi, compiaciuto. «Sono diventato artista e un artista non può essere pettinato, deve avere i capelli al vento. Anzi, già che ci sono, mi tolgo anche la cravatta e mi slaccio il collo della camicia. Non me lo immagino Dostoevskij in giacca e cravatta!»

Poi, per completare la metamorfosi, mi misi anche a cantare *Vide 'o mare quanto è bello, spira tantu sentimento.* Forse, tenuto conto che lì, a Segrate, il mare non c'era, sarebbe stata più adatta una canzone sul genere di *Vento, vento, portami via con te.* Purtroppo, però, non ne conoscevo le parole, e avevo anche paura di stonare.

Incrociai un uomo e lo salutai con un largo sorriso. Lui mi guardò stupito. A Milano è proibito salutare gli sconosciuti per strada, soprattutto se ci si trova su una strada periferica. Io, però, non avevo la cravatta e me lo potevo permettere.

Insomma mi stavo lentamente trasformando da bruco in farfalla. In me non c'era più traccia dell'ingegnere informatico che fino a pochi minuti prima era tutto calcoli e previsioni. Grazie a Dio, mi ero liberato dall'obbligo di dover rassomigliare ai dirigenti della società. In IBM, se si vuole fare carriera, bisogna essere alti, snelli, sorridenti e sempre in tiro. E a questo proposito, non so se ve ne siete accorti, ma anche in Fininvest, oggi, capita la stessa cosa: quasi tutti cercano di rassomigliare, magari inconsciamente, al Cavaliere: vestono come Lui, parlano come Lui, si muovono come Lui, fanno lo jogging come Lui, ovviamente vestiti di bianco. Tendono al successo attraverso la mimetizzazione, laddove il Disordine pretenderebbe, come minimo, la libertà di abbigliamento. Io oggi, in quanto uomo libero, se ho voglia di scrivere, scrivo, se ho voglia di leggere, leggo, e se non ho voglia né di scrivere né di leggere non faccio niente. In altre parole sono l'assoluto dominatore di me stesso: rido e piango quando mi pare.

Immerso in questi pensieri, giunsi alla Mondadori con una mezz'oretta di ritardo. Trovai giù, alla reception, la segretaria del dottor Caruso che mi stava aspettando.

«Presto, ingegnere,» mi disse «è atteso al quarto piano. Oggi c'è la riunione vendite.»

Era tutto uguale: anche lì l'Ordine imponeva le sue leggi draconiane, e non poteva essere diversamente. In un'azienda, che tu venda computer, libri o saponette, le regole non cambiano: non possono cambiare. Le previsioni e, in particolare, la riunione vendite sono un *must* fisso, un passaggio obbligato, pena il crollo del fatturato. Serve a mettere ordine in un microcosmo fatto di capiarea, di contabili, di segretarie, di venditori, di creativi, di incaricati alle pubbliche relazioni e di organizzatori di riunioni. Senza che te ne accorgi l'Ordine, giorno dopo giorno, s'impadronisce del tuo tempo e fa in modo che ogni tua azione sia sincronizzata con le azioni di tutti gli altri. Impossibile trasgredire: sarebbe come togliere una carta da gioco dalla base di un castello di carte.

Mi rimisi subito la cravatta. Con la mano cercai di pettinarmi alla meglio e poi, a capo chino, entrai in una saletta buia, dove, sulla parete di fondo, su una lavagna magnetica, si leggeva la scritta: DE CRESCENZO – *COSÌ PARLÒ BELLAVISTA* – PAGINE 232 - LIRE 4000 - PREVISIONI A BREVE, A MEDIO E A LUNGO TERMINE.

Dopo una decina di minuti mi abituai all'oscurità. Intorno a me c'erano una decina di addetti ai lavori. Per la precisione, un editor, un redattore, due creativi del settore pubblicità, un direttore alle vendite e un altro paio di signori che non avevo il bene di conoscere. Nessuno di loro aveva la camicia rossa, erano tutti in giacca e cravatta, e avevano tutti due orecchie a testa. Di artisti nemmeno l'ombra, me compreso.

IV

De immunditia

Ammesso che la pulizia si identifichi con l'Ordine e la sporcizia col Disordine, rimuovere l'immondizia non vuol dire pulire, ma solo mettere in ordine un posto per disordinarne un altro. Il problema quindi non è come eliminare lo sporco, ma come riuscire a farlo senza sporcare troppo altrove. Qualcuno potrebbe obiettare che i rifiuti possono essere sempre riciclati, o usati come concimi, o bruciati per ottenere altre forme di energia, ma sbaglierebbe di grosso: più si cerca di modificare la materia, in questo caso l'immondizia, e più si inquina. E anche quando si crede di aver combinato qualcosa di buono, alla fine si scopre che un paio di metri più in là il mondo è di gran lunga peggiorato; come a dire che la somma di tutte le azioni umane sarà sempre di segno negativo, naturalmente per colpa dello stramaledetto Secondo Principio della Termodinamica.

Mia figlia, ecologa per vocazione, è particolarmente sensibile a questi problemi.

«Papà,» mi disse un giorno «lo sai che sulla costiera amalfitana praticano la raccolta differenziata?»

Dopo di che cominciò a preselezionare la sua immondizia. Aveva un contenitore per il vetro, uno per la plastica, uno per le medicine, uno per le pile scariche e uno per l'immondizia comune (da noi chiamata volgarmente *'a munnezza*). Poi di tanto in tanto andava a riversare il tutto nei contenitori differenziati della splendida città di Amalfi. In pratica lei, una volta al mese, si portava a spasso, su e giù per la costiera amalfitana, qualcosa come cinquanta chili di immondizie diverse, e continuò a farlo finché un brutto giorno non lesse sui giornali che la ditta incaricata della rimozione era finita sotto inchiesta per aver gettato tutti i rifiuti in un'unica discarica, e precisamente dentro uno dei crateri spenti del Vesuvio.

L'invenzione più pericolosa del ventesimo secolo non è stata, come molti credono, la bomba atomica, ma l'immondizia. Non si ha idea di quanti milioni di tonnellate di rifiuti vengono prodotti dalle cosiddette civiltà progredite, e di quanti milioni di tonnellate si apprestano a produrre (per legittima par condicio) i paesi in via di sviluppo. In Italia si calcola che ogni abitante produca nel suo piccolo un chilo e 650 grammi di spazzatura al giorno, come dire sei quintali l'anno, o, se preferite, 48 tonnellate nel corso della vita, pari a ottocento volte il proprio peso corporeo. A detta della Legambiente, se mettessimo uno sopra l'altro tutti i vuoti a perdere che gettiamo via ogni anno in Italia, verremmo a costruire una torre alta un milione di chilometri, come dire il triplo della distanza tra la Terra e la Luna. Nei pressi di New York esiste una discarica, grande come Caserta, dove, per inoltrarsi, sono necessari speciali carri cingolati e apposite tute spaziali. Secondo al-

cuni, in questa enorme *trash-land* newyorkese sarebbero nate addirittura nuove specie animali non ancora catalogate dagli zoologi.

Premesso che la parola «immondizia» viene da «immondo» che vuol dire «sozzo», la situazione è al livello di guardia: più passa il tempo e più le aree destinate ai rifiuti, eufemisticamente definiti urbani, minacciano di invadere i centri abitati. A meno di un'improbabile inversione di tendenza, verrà un giorno in cui saremo costretti a scaricare l'immondizia direttamente sulla luna, con grande disappunto dei poeti e degli innamorati. Canzoni come *Venezia, la luna e tu* non potranno più essere cantate con trasporto, a meno che il trasporto in questione non sia quello dei rifiuti.

Non parliamo poi dell'immondizia nucleare. Per chi non lo sapesse, sono tuttora «viventi» sul nostro globo qualcosa come 15.000 testate nucleari e 500 centrali atomiche. E visto che parliamo di nucleare, è bene capire cosa succede ogniqualvolta si divide un atomo.

Cominciamo col dire che non tutti gli atomi sono disposti a farsi dividere. Non a caso la parola «atomo» vuol dire «non divisibile». Gli unici con i quali si riesce a ottenere qualche risultato decente sono gli atomi pesanti, e cioè quelli di uranio e plutonio, che per nostra disgrazia sono anche i più radioattivi. Con che si spezza un atomo? Non con un martello, ovviamente, ma con un neutrone appena uscito da un altro atomo. Il neutrone dà una *capata* terribile (in italiano: una testata) all'atomo da spaccare e lo divide in due parti. A questo punto, però, si liberano altri neutroni che vanno a spaccare altri atomi (la cosiddetta «reazione a catena»), e ci restano in mano due mezzi atomi, di nessuna utilità pratica ma di alta pericolosità radioattiva. Proprio su queste scorie dobbiamo concentrare la nostra attenzione, se vogliamo continuare a vivere in pace e vedere Pippo Baudo in televisione per il resto dei nostri giorni.

Mentre leggete queste righe, intorno al mondo stanno girovagando decine e decine di «carrette dei mari» in attesa che qualcuno indichi loro dove andare a seppellire le scorie radioattive. In altre parole, l'uomo moderno si comporta come quelle domestiche furbe che, per risparmiare fatica, nascondono la spazzatura sotto i tappeti. La stupidità sta nell'aver costruito un così alto numero di testate atomiche, laddove ne sarebbero bastate un paio di dozzine (una agli Stati Uniti, e una all'Unione Sovietica) per far saltare in aria l'intero pianeta, compresi i signori inventori e i trafficanti d'armi.

E dal nucleare passiamo alle confezioni regalo. Supponiamo di trovarci in casa di amici, a Natale, e che sia appena scoccata la mezzanotte. Ha inizio un rito tribale, noto come «scambio dei regali», che riempie in pochissimi secondi la casa di rifiuti. Facciamo qualche esempio:

– Dieci amici che si scambiano i doni presuppongono l'esistenza contemporanea di 90 pacchettini regalo (ciascuno dei dieci amici ha portato nove pacchettini).

– Venti amici corrispondono a 380 pacchettini regalo (ciascuno dei venti amici ha portato diciannove pacchettini).

– Trenta amici a 870 pacchettini regalo (ciascuno dei trenta amici ha portato ventinove pacchettini).

E così di seguito, con numeri sempre più alti e sempre più minacciosi. Questo perché ognuno dei presenti, per non essere criticato, si è sentito in dovere di portare un ricordino a tutti gli altri. Ovviamente, nella maggior parte dei casi, si tratterà di regali del tutto inutili, molti dei quali addirittura orribili. La visione più drammatica si avrà, comunque, a fine festa, quando tutti saranno andati via. Restano sul campo di battaglia, sparsi un po' dappertutto, carte di ogni colore, scatole di cartone scoperchiate, scotch appiccicaticci, nastri colorati, paglia sintetica, fiocchettini di seta rossa e trucioli di polistirolo. Tutto ciò si sarebbe potuto evitare se solo gli invitati avessero deciso di consegnare il proprio regalo, così come lo hanno comprato, direttamente nelle mani del destinatario.

«D'accordo,» obietterà qualcuno «ma vuoi mettere il piacere della sorpresa? La *suspense* dell'apertura? E poi, cosa importa a noi dove andranno a finire le cartacce?»

«Nulla,» rispondo «almeno fino a quando, aprendo la porta di casa, non verremo sepolti da una cascata di rifiuti.»

In questo tremendo dramma dell'immondizia, la plastica merita un discorso a parte. È in corso, infatti, sul pianeta una lotta titanica tra gli esseri umani e la plastica trasparente con cui vengono avvolti alcuni oggetti. Apparentemente fragile, la plastica oppone una resistenza incredibile a chiunque la voglia strappare. Più volte ho avuto modo di vedere energumeni, dotati di forza straordinaria, arrendersi davanti a una pellicola ultrasottile che avvolgeva un fetta di prosciutto o di provolone, e ho visto perfino uomini di pensiero dannarsi per liberare dal suo involucro infrangibile un compact o una videocassetta. Il segreto, a mio avviso, sta tutto nell'individuare fin dall'inizio il tallone di Achille del rivestimento, in pratica il punto da dove tentare lo strappo. In caso contrario è giocoforza ricorrere a qualcosa di tagliente, come lamette, forbici o altro. Per farla breve, è mia personale convinzione che i rivestimenti di plastica dovrebbero essere proibiti per legge in quanto aumentano l'aggressività del genere umano.

Nel settore imballaggi tutte le confezioni sono da condannare. Prendiamo, ad esempio, un prodotto di largo consumo come l'aspirina. Le pasticchine vengono incapsulate in appositi contenitori di plastica, a loro volta inseriti in scatoline di cartone, e accompagnate da un foglietto con le istruzioni (come se per ingoiare un'aspirina fossero necessarie le istruzioni). E non basta: il farmacista di suo vi aggiunge lo scontrino e la carta con la quale fare il pacchetto. Le scatoline, a loro volta, arrivano in farmacia in grandi contenitori di cartone, insieme a bolle di consegna, ricevute, fatture e chi più ne ha più ne metta. Il peso totale degli imballaggi e delle documentazioni, paragonato ai pochi grammi di medicinale ingurgitato, può raggiungere a volte, secondo i prodotti, rapporti anche di quattro a uno; come dire che per ogni pasticca che fa il suo dovere, entrando nello stomaco del paziente, ce ne sono almeno altre tre, fatte di carta, cartone o plastica, che finiscono nel bidone della spazzatura.

Ai tempi di Dante l'immondizia non esisteva, così come non esisteva la Nettezza Urbana: al massimo

il Divino Poeta gettava qualche torsolo di mela o qualche ossicino di pollo. Ma anche questi rifiuti, invece di finire nella spazzatura, venivano dati in pasto ai maiali. Oggi, invece, nei ristoranti gli avanzi superano di gran lunga, in termini di peso, l'ammontare dei pasti effettivamente consumati, senza peraltro che i maiali se ne possano avvantaggiare. I poveri suini, infatti, delle migliaia di cannelloni lasciati a metà dagli avventori inappetenti non sentiranno nemmeno l'odore, dal momento che per loro sono in viaggio giganteschi Tir, zeppi di mangime opportunamente studiato dai computer, e scrupolosamente imballato.

La facoltà di non mangiare parte del cibo che ci viene portato a tavola è una conquista di questi ultimi anni. Mia madre, donna dell'Ottocento, da nubile non era mai stata in un ristorante: ragione per cui quando, in viaggio di nozze, alla fine di un pranzo, servirono in tavola un'enorme fruttiera ricolma, ritenne suo dovere mangiarsi tutta la frutta esposta, fino all'ultima ciliegia.

«Eugè,» disse a un certo punto a mio padre «mangiane un poco pure tu, perché io da sola non ce la faccio.»

E così, a casa nostra, fin da piccoli, ci avevano educato a non lasciare nulla nel piatto. «È tutta grazia di Dio» sentenziava mia nonna e, in quanto proveniente dall'alto dei cieli, non poteva finire nella spazzatura. Per quanto mi riguarda, il tormento maggiore erano i pezzetti di grasso che contornavano la carne. Guai se papà si accorgeva che io, pian pianino, col coltello, li staccavo per non mangiarli.

«Disgraziato, farabutto, delinquente!» urlava lui. «Ma lo sai quanto mi costa questa fettina di carne?

E tu che fai: me la butti via? Ma lo sai o non lo sai che tuo padre in guerra si mangiava il rancio con le cacate di *zoccola*?!»

Questo fatto degli escrementi di topo mangiati da papà durante la prima guerra mondiale mi ha perseguitato per tutta l'adolescenza. Io rifiutavo gli spinaci e lui subito tirava in ballo le cacate dei topi.

Oggi, Dio sia lodato, sulle tavole italiane il cibo non manca. In molti pranzi, a volte, si è soliti servire tre primi. Se solo provate a ricusarne uno, la padrona di casa si offende.

«E i bombolotti con la panna, che fa: non li prova?»

«Ma ho già mangiato il risotto e le penne all'arrabbiata.»

«E con questo? Sono solo assaggini.»

E invece non è vero: non sono assaggini, ma vere e proprie razioni di pasta. Io vorrei lasciarne metà nel piatto, ma non posso: mamma mi sorveglia dall'alto, e papà a ogni pezzetto di grasso che stacco dalla fettina di carne è pronto a ricordarmi la guerra e le cacate di *zoccola*.

Ora, se dalla pancia passiamo allo spirito, non è che la situazione migliori di molto: anche il mondo della carta stampata, ad esempio, ha la sua brava immondizia. Il peso dei quotidiani e dei settimanali in questi ultimi anni è aumentato a dismisura. Supplementi, buste di plastica, videocassette, profumini, compact, carne in scatola, sciampi, saponette, dentifrici, lucidi per scarpe, confezioni di spaghetti, fazzoletti di carta, slip rossi da fine anno e altre migliaia di gadget vengono aggiunti e serviti nelle edicole insieme alle riviste.

Di chi la colpa? Della pubblicità ovviamente. Proviamo a contare le pagine di «Panorama», o dell'«Espresso», dedicate alla pubblicità e scopriremo che in media sono 150 su un totale di 260, pari cioè a una densità del 57,7 per cento. E poi ci lamentiamo degli spot televisivi! Mi fa male il braccio solo al pensiero di dover voltare per 151 volte una pagina nella speranza di leggere quell'unico articolo che magari potrebbe interessarmi. Per non parlare poi di quei maledetti inserti di cartone spillati a metà rivista che quasi sempre nascondono una bella foto a doppia pagina.

L'immondizia giornalistica non si limita alle sole pagine pubblicitarie: finisce col produrre anche tutta una serie di articoli, che eufemisticamente potremmo definire «di contorno», ma che in realtà servono a bilanciare il peso delle 151 pagine pubblicitarie. Il direttore della testata, infatti, si rende conto che dovrà pure stampare qualcosa di leggibile, e allora che fa? S'inventa «l'inchiesta del giorno». Ordina a due o tre ragazzi di redazione di contattare telefonicamente una ventina di personaggi del mondo della cultura e dello spettacolo (i mai abbastanza deprecati *opinion leader*) e giù con le domande: «Cosa ne pensa delle molestie sessuali? Dove va in vacanza a Natale? Quale regalo vorrebbe trovare sotto l'albero? Come giudica la Tv urlata?», e via degradando. Non passa giorno che un personaggio pubblico non riceva almeno tre telefonate con richiesta di opinioni. Se si rifiuta è un villano, se collabora un tuttologo. Così, per un pezzo che vale forse la pena di leggere, ce ne sono almeno altri nove privi di qualsiasi interesse, che si vanno ad aggiungere alle 151 pagine di pubblicità da buttare nella spazzatura. Con l'aggravante che non piacciono nemmeno ai maiali.

E passiamo all'abbigliamento: l'uomo occidentale possiede in media un numero di vestiti sufficiente per vivere altre due vite. Le donne occidentali molte di più. Eppure sia uomini che donne continuano a comprare vestiti. Perché lo fanno? Perché non vogliono che la produzione della immondizia possa subire un calo. Vuol dire che quando i loro guardaroba non ce la faranno più a contenere abiti, il consumista uomo e la consumista donna ne regaleranno alcuni ai poveri, in omaggio alla massima evangelica del *quod superest date pauperibus.* Il guaio è che non sempre i poveri sono disposti ad accettare vestiti, soprattutto se non sono firmati da noti stilisti. Del tutto tramontato il tempo in cui, in una famiglia, gli abiti «passavano» dal fratello maggiore al fratello minore. Scomparso anche il cosiddetto *rivoltato,* ovvero quella tecnica, tanto cara ai nostri genitori, grazie alla quale un maestro sartore prolungava la vita di un cappotto o di una giacca, portando all'esterno la stoffa che fino a quel momento era stata al riparo della fodera interna. Pazienza se poi il taschino in alto finiva a destra anziché a sinistra: l'importante, per loro, era lo sfruttamento al cento per cento del vestito.

Come affrontare il fenomeno dell'usa-e-getta? Una delle idee potrebbe essere quella di sostituire le armi con la spazzatura. In base a un accordo internazionale si potrebbe imporre a tutte le nazioni in guerra di usare i rifiuti urbani al posto delle atomiche: i soldati lancerebbero sacchetti di immondizia

pieni di bucce d'arancia al posto delle bombe a mano, e le aviazioni sommergerebbero le città nemiche con l'intera produzione annuale di una città grande come Napoli. E chissà che a quel punto noi italiani non diventeremmo una delle nazioni più agguerrite del mondo.

V

La stocastica

Si chiamava Amitrescu, era rumeno e lavorava in IBM ai Progetti Speciali. Andava e veniva dall'Università, ma cosa facesse di preciso non lo ho mai capito. Poi un giorno, punto dalla curiosità, glielo chiesi.

«Amitrescu, ma tu che fai?»

«Vendo i numeri.»

«I numeri? E a chi li vendi?»

«A chi me li chiede. Vuoi che ti regali un numero?»

«Quale numero?»

«Il 15.544.720.»

«Grazie.»

«Prego.»

«Sei molto gentile.»

«Vuoi che te ne regali un altro?»

«No grazie: me ne basta uno.»

Insomma, un dialogo tra matti. Poi, a forza di stargli dietro e di chiedergli spiegazioni, un bel giorno mi spiegò per filo e per segno che cosa faceva. Amitrescu vendeva numeri a caso per risolvere problemi deterministici con metodi stocastici.

Ma lasciamo che sia lui stesso a spiegarci il suo lavoro.

«A volte ci sono problemi pratici che si possono

risolvere in due modi, o utilizzando l'Ordine o il Disordine. Trovare l'area di un cerchio, ad esempio, è un problema pratico che può essere risolto sia con un metodo ordinato che disordinato. La circonferenza è per definizione la figura più simmetrica che l'uomo abbia mai inventato, e in quanto tale potrebbe addirittura essere scelta come logo dell'Ordine.»

«Come logo? Che vuol dire?»

«Vuol dire come simbolo, come emblema. La simmetria è una proprietà che hanno solo alcuni corpi, e cioè quella di poter essere divisi in due parti speculari. Ebbene la circonferenza possiede infinite di queste possibilità perché ha infiniti assi di simmetria...»

«...nel senso che, comunque la dividi, ottieni sempre due semicirconferenze?»

«Proprio così. Mentre una sedia, se la vuoi dividere in due mezze sedie uguali, hai solo un modo per farlo...»

«Sì, ma tutto questo che c'entra con i numeri che vendi?»

«Abbi pazienza e te lo spiego. Supponiamo che tu voglia trovare l'area del cerchio: come fai?»

«È semplice: calcolo il πr^2, il raggio al quadrato per tre e quattordici, e trovo l'area del cerchio.»

«E se non conosci questa formula, perché nessuno te l'ha insegnata, come fai?»

Amitrescu attese per qualche secondo che io rispondessi, poi, visto che non aprivo bocca, continuò imperterrito nella spiegazione.

«Risolvere il problema dell'area di una figura geometrica con una formula è di sicuro il metodo più sbrigativo, sempre però che esista una formula. Il πr^2, infatti, nel nostro caso rappresenterebbe l'Ordi-

ne. Proviamo, invece, a raggiungere lo stesso risultato attraverso la casualità, e cioè con il Disordine.»

«E come si fa?»

«Seguimi.»

Amitrescu si alzò, prese da un cavalletto un grande cartone bianco e vi disegnò sopra un cerchio (abbastanza preciso, debbo ammettere), e subito dopo lo inserì in un quadrato. Poi aprì la finestra e sporse il tutto fuori dal davanzale.

Quindi si voltò verso di me, sorridendo.

«Una volta disegnato il cerchio e il quadrato, lo espongo all'aperto, fuori dalla finestra, e aspetto che piova.»

«Vabbè, ho capito, mi vuoi prendere in giro.»

«Ma no» rispose lui, tornando al tavolo, «il discorso è molto più serio di quanto tu possa immaginare. Vediamo dove cadono le gocce di pioggia.»

E qui, preso un pennarello, cominciò a picchiettare sul cartone dove capitava capitava, a caso.

«Alcune gocce finiranno per cadere dentro il cerchio e altre fuori» proseguì Amitrescu, sempre simulando il ticchettio della pioggia. «Dopo aver fatto piovere un po', tu conti le gocce finite dentro e quelle finite fuori, e fai una proporzione: le gocce finite nel cerchio stanno alle gocce finite nel quadrato come l'area del cerchio sta all'area del quadrato. Più sono le gocce di pioggia che avrai lasciato cadere, e più ti avvicinerai al risultato che andavi cercando.»

«D'accordo,» obiettai «ma non mi sembra un modo molto pratico.»

«Nel senso che potrebbe non piovere?»

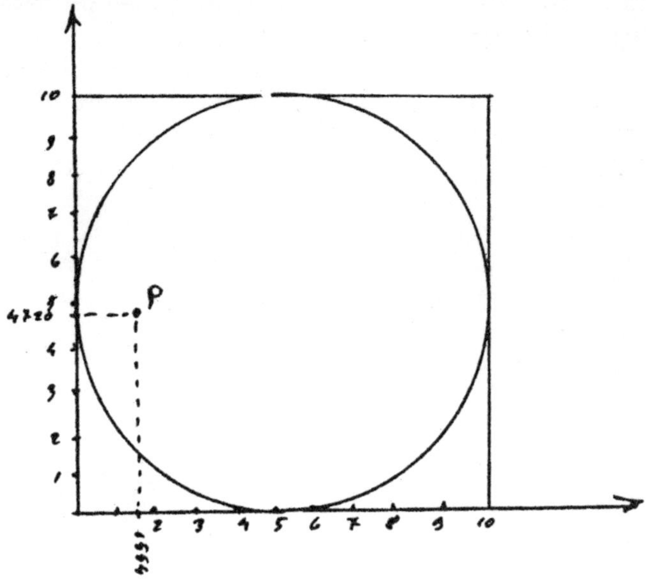

«Per l'appunto.»

«E allora» proseguì Amitrescu «intervengo io e ti offro una pioggia elettronica, col computer. Ma torniamo al cerchio e supponiamo d'inscriverlo in un diagramma cartesiano. Prendiamo, ad esempio, quel numero che ti ho regalato prima, il 15.544.720, e scomponiamolo in due numeri da quattro cifre ciascuno: il 1554 e il 4720. Dopo di che individuiamo nel piano cartesiano quel punto *P* che ha per ascissa 1554 e per ordinata 4720. Ebbene, che cos'è questo punto? È una goccia di pioggia. Se io, ora, di questi numeri te ne do tanti e tanti, e te li do tutti a caso, avrò realizzato una pioggia elettronica che ti metterà in grado di conoscere l'area del cerchio.»

«Interessante, però non lo trovo un metodo veloce. Si fa prima col πr^2...»

«...si fa prima se l'area che devi trovare è di una figura geometrica nota, come il cerchio ad esempio. Ma se hai a che fare con una figura irregolare, come l'ala di un aeroplano o il cofano di un autotreno, o addirittura con una figura asimmetrica come questa... [*e qui Amitrescu disegnò sul cartone una specie di ectoplasma*] mi dici tu chi te la dà la formula dell'area? Invece con il mio metodo casuale il problema lo risolvi sempre, qualunque sia la figura considerata.»

«I metodi stocastici» concluse Amitrescu «ci conducono, comunque, a una grande scoperta: il caso, adoperato un numero sufficientemente alto di volte, si avvicina sempre di più alla Verità. Come a dire

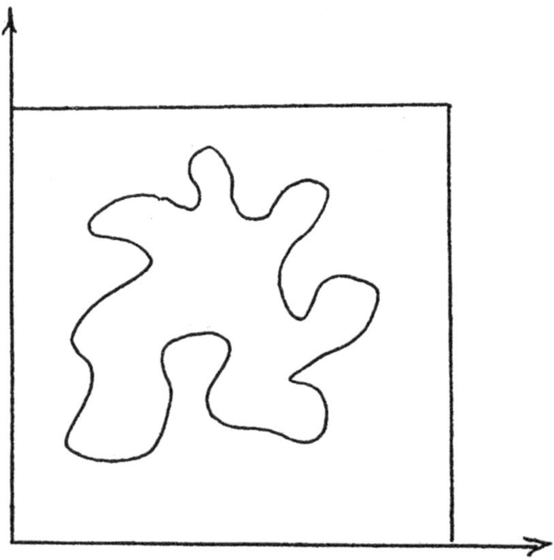

che Ordine e Disordine sotto sotto si desiderano e alla fine s'incontrano.»

«E dove s'incontrano?»

«All'infinito, ai confini dell'Universo, come tutte le parallele che si rispettano. Ma ragioniamoci sopra un attimo: se, ora, io e te ci mettessimo a giocare a testa e croce, dopo quattro lanci di monetina potremo avere uno dei seguenti risultati: 1. due volte croce e due volte testa; 2. tre volte croce e una volta testa; 3. tre volte testa e una volta croce; 4. quattro volte croce; 5. quattro volte testa. Se invece giocassimo un miliardo di volte, puoi stare sicuro che totalizzeremmo mezzo miliardo di croci e mezzo miliardo di teste.»

«E questo che vuol dire?»

«Che il sorteggio, quanto più lo ripeti, tanto più si avvicina alla parità e quindi alla giustizia. Io lo userei in qualsiasi scelta, anche in politica.»

«Fammi degli esempi.»

«Il primo che mi viene in mente è quello del dodicesimo apostolo. Quando si trattò di sostituire Giuda, dopo che aveva tradito, si ricorse a un sorteggio. I candidati erano due: un certo Giuseppe detto Barsabba e un giovanottino di nome Mattia. "Tu, o Signore," implorarono gli apostoli "mostraci chi dei due è il più giusto a prendere il posto dell'infame." *Et dederunt sortes eis et cecidit sors super Matthiam,* cioè gettarono i dadi e toccò a Mattia. Potrei farti anche l'esempio di Solone che, dovendo impiantare la costituzione degli ateniesi, propose il sorteggio. Come prima cosa divise gli ateniesi in quattro tribù: i pentacosiomedimni, i cavalieri, gli zeugiti e i teti, come dire i ricchi, i quasi ricchi, i quasi poveri e i poveri. Poi chiese a ciascuna delle tribù di candidare cento cittadini, e tra i quattrocento nomi che ne vennero fuori organizzò un colossale sorteggio per assegnare le cariche dello Stato. “Che anche gli Dei” disse Solone “si assumano le loro responsabilità.” Per ultimo ti segnalo il caso di Genova. Verso la fine del Cinquecento, per scegliere i tre Governatori e i due Procuratori del Serenissimo Collegio, i genovesi ricorsero a un sorteggio pubblico tra novanta padri di famiglia. E fu proprio in quell'occasione che nacque il gioco del Lotto. E già, perché il popolo cominciò a scommettere sui numeri che vedeva appesi al collo dei candidati e le autorità pensarono bene di sfruttare la cosa per rimpinguare le casse dello Stato. Alla fine erano tutti contenti: il governo che incassava le scommesse, quelli che avevano vinto e perfino quelli che avevano perso, anche perché questi ultimi non erano stati sconfitti dagli avversari politici, ma dal destino ingrato. Ora, se noi, in Italia, avessimo adottato un sistema del genere, per metà democratico e per metà stocastico, la Democrazia Cristiana non avrebbe potuto vincere per quarant'anni di seguito: una volta, dico una, avrebbe perso. Ma tu pensa che bello! Il sorteggio lo si potrebbe fare in televisione, in uno show del sabato sera, con contorno di vallette, ballerine e cantanti. Il tutto abbinato a una lotteria nazionale...»

«E come lo chiameresti un partito che ha scelto la casualità come spinta ideologica?»

«Beh... potrei sempre battezzarlo “Partito Casuale Italiano”.»

«Non ti conviene: verrebbe fuori PCI e lo confonderebbero con l'ex Partito Comunista.»

«Allora “Democrazia Casuale”.»

«DC? Sarebbe altrettanto compromettente...»

«E che ne diresti di un “Partito Stocastico Italiano”?»

«Neanche a pensarci: rifaresti il PSI e non prenderesti nemmeno un voto.»

«Oddio: solo adesso mi accorgo che non ci sono più sigle.»

VI

Il limbo

«Ma lei è proprio sicuro di essere deceduto?»

«È ovvio: altrimenti non sarei qui.»

«Eppure a me non risulta. Non vorrei che per un'omonimia... sa, alle volte...»

«Ma se ieri ci sono stati pure i funerali! Li hanno fatti a piazza del Popolo, nella chiesa degli Artisti. A proposito, sono stati bellissimi: donne stupende che piangevano a dirotto, parenti in lacrime, personaggi dello spettacolo con la faccia incredula che s'interrogavono l'un l'altro. A sentire loro un umorista dovrebbe vivere in eterno. C'era perfino una scolaresca venuta apposta da Napoli. Avevano anche il gonfalone della città. Parlavano tutti bene di me, perfino i critici. Ed è stato proprio questo particolare che mi ha fatto capire che era finita.»

«Le faccio le mie condoglianze.»

«La ringrazio ma non è il caso. Piuttosto mi dica: dove dovrei andare?»

«Non ne ho la minima idea. Qui non ci sono istruzioni. Lei cosa si aspetta?»

«Francamente, l'inferno lo escluderei. Di peccati ne ho commessi, sì, ma pochissimi, e per lo più nella categoria degli atti impuri.»

«In particolare?»

«Diciamo masturbazione... almeno fino ai diciotto anni.»

«Vuole attendere tra i lussuriosi?»

«Io tra i lussuriosi? Via, non esageriamo. Sì, d'accordo, avrò fatto qualche cosa, ma sempre robetta da poco. Quelli, invece, me li immagino come dei fissati...»

«Non è detto. Cleopatra, ad esempio, amava molto di più il potere che il sesso...»

«... e sta tra i lussuriosi?»

«Certamente: ce l'ha schiaffata Dante, insieme a Elena di Troia e a Semiramide.»

«Ma allora, mi scusi se glielo chiedo: non potrei attendere di sopra? Magari solo per dare una sbirciatina...»

«Di sopra senza un regolare nullaosta non la posso far entrare. In Purgatorio non le conviene: correrebbe il rischio di finire nel dimenticatoio per chissà quanto tempo. C'è una lista d'attesa che non le dico...»

«Allora potrei andare nel Limbo, *tra color che son sospesi...*»

«E che sospesi resteranno, caro lei, almeno fino a quando non verrà presa una decisione *colà dove si puote ciò che si vuole*.»

Fu così che finii nel Limbo ed ebbi la fortuna di incontrare Socrate. Oltre a lui vidi anche

> Democrito che il mondo a caso pone,
> Diogenes, Anassagora e Tale,
> Empedocle, Eraclito e Zenone.

Socrate era uguale a come me lo ero sempre immaginato. Forse un pochino più basso. Aveva il naso rincagnato, la testa pelata e una vaga rassomiglianza con l'attore Charles Laughton. Contattarlo non mi fu difficile, anzi, non feci in tempo a mettere piede nel Limbo che lui già mi stava addosso.

«È da molto che sei arrivato?» mi chiese, dandomi subito del tu, come immagino fosse obbligatorio da quelle parti.

«Sono appena entrato.»

«Strano... nessuno mi ha informato.»

«Forse perché sono di passaggio. Tra poco verranno a prendermi per portarmi alla destinazione finale. Piuttosto, o Socrate, dal momento che ho avuto la fortuna d'incontrarti, vorrei approfittarne per chiederti un'informazione: quando è nata la filosofia?»

«Domanda legittima, risposta difficile, forse impossibile. Bisognerebbe prima stabilire che cos'è la filosofia, e io, ti confesso che non l'ho ancora capito. Potrei rispondere che nacque con il primo uomo, un attimo dopo che costui ebbe finito di mangiare, ma sarebbe come eludere la domanda. Se tu, però, per filosofia intendi quella disciplina che pone in ogni istante la vita a confronto con la morte, allora potrei dirti che nacque il giorno stesso in cui incontrai Parmenide.»

«Mi racconti come andarono le cose?»

«Ricordo che avevo venticinque anni appena compiuti. Ero un giovanotto pieno di curiosità: facevo domande a tutti, di continuo, e sugli argomenti più disparati. Non sempre, però, questo mio modo di fare era visto di buon occhio. Quelli che mi volevano male mi chiamavano sofista e mi evitavano come la peste: scappavano a gambe levate non appena mi vedevano comparire nell'*agorà*.»

«Beh, bisognava capirli. Non potevano sapere quello che poi avrebbe raccontato Platone.»

«Se è per questo, adesso lo sanno e scappano lo stesso.»

«Sì, ma torniamo a Parmenide.»

«Dunque, stavo dicendo: un giorno, con alcuni amici, mi recai in casa di Pitodoro...»

«Pitodoro di Cizico?»

«No, Pitodoro di Atene. A essere sinceri, questo Pitodoro non era poi niente di che, almeno come pensatore, in compenso, però, era molto ricco e aveva decine e decine di servi, ragione per cui a casa sua c'era sempre da bere e da mangiare. Quel giorno poi, ti confesso, eravamo tutti affamati, e più del sapere ci attiravano le zuppe di *garos* e il vino di Kos. Insomma, per farla breve, stavamo da Pitodoro, quando in un angolino scorsi due uomini vestiti malissimo. Avevano le tuniche sporche e i piedi incrostati di fango. "Verranno dalla campagna," pensai, "o peggio ancora dalle regioni italiche." Il più vecchio avrà avuto una sessantina d'anni e il più giovane quaranta. Da come l'uno guardava l'altro, si sarebbero detti rispettivamente maestro e allievo. Tant'è vero che, quando il più anziano disse di aver sete, l'altro si precipitò in giardino a prendergli uno *skiphos* d'acqua. E fu così che mi accorsi che era zoppo.»

«Chi erano?»

«Lo chiesi a Gorgia. Lui mi disse che venivano dalle campagne a sud di Neapolis, quelle che poi saranno in seguito chiamate Magna Grecia. Gorgia mi precisò anche che il più vecchio, nel suo paese, era considerato una specie di genio, o di santone.»

«Come si chiamava?»

«Parmenide di Elea. Il più giovane invece, che poi era anche il suo *eromenos*,[1] si chiamava Zenone.»

«E che successe?»

«Che, incuriosito, chiesi al vecchio: "Mi hanno riferito che tu avresti concepito un'importante teoria filosofica. Ti dispiacerebbe farne partecipi anche noi?". Parmenide si alzò in piedi e stava quasi per rispondere quando Zenone lo trattenne per la tunica: "È inutile," disse, "che il mio maestro esponga il suo pensiero, tanto voi non riuscireste a capirlo. È così vasto il mare da attraversare, che morireste prima ancora di giungere all'altra riva". Al che tutti si offesero. "Ma come," protestarono alcuni, "noi qui, ad Atene, siamo considerati il fior fiore della speculazione filosofica, e ora arrivano questi due burini da Elea e si permettono di dire che non siamo alla loro altezza!"»

«Mi sembra una reazione legittima. E poi cosa successe? Parmenide parlò?»

«Certo che parlò. Si alzò in piedi e con una vocina sottile sottile, che appena riuscivamo a sentire, disse: "L'essere è, il non essere non è". Poi si sedette di nuovo e tacque. Ebbene, non ci crederai, ma da quel giorno la parola "essere" divenne il ritornello di tutti i nostri discorsi. Ragione per cui, se dovessi scegliere una data di nascita per la filosofia, direi che fu quella in cui, per primo, Parmenide pronunziò la parola "essere".»

«Ed è un ritornello che non ha mai smesso di risuonare: anche oggi, sulle orme di Hegel e di Heidegger, tutti a chiedersi, che cos'è "l'essere", e soprattutto che cos'è il "non essere".»

[1] L'*eromenos* era l'amante giovane di una coppia omosessuale.

«Beh, il "non essere" non è poi tanto difficile da spiegare. Un modo molto semplice di non essere è per esempio l'apparire. Tutti quelli che hanno basato la propria vita sull'apparire prima o poi si sono resi conto di aver vissuto un'esistenza inutile, anche perché il voler sembrare, con quello che oggi costa il sembrare, ti spinge a prostituirti, e finisce con l'impedirti di praticare l'ozio, che poi, a ben guardare, è la più alta aspirazione del saggio.»

«Caro Socrate, mi spiace contraddirti, ma qui da noi, nel mondo del mercato e del consumismo, l'ozio non è visto tanto di buon occhio: anzi è considerato il padre di tutti i vizi. E a questo proposito, dimmi: qui nel Limbo come ve la passate?»

«Grazie a Zeus, pratichiamo l'ozio. Devi sapere che noi greci, all'epoca di Pericle, avevamo moltissimi schiavi. Pensa che solo ad Atene ce ne erano più di trecentomila; come dire dieci per ognuno di noi. E questo ci permetteva di non lavorare. Tutti quelli, invece, che per una ragione o per l'altra erano costretti a sudare venivano chiamati *banausi* ed erano largamente disprezzati. Criticavamo perfino Fidia e Prassitele. Sì, lo so, erano dei grandi artisti, però, a furia di portare su e giù blocchi di marmo finivano anche loro per sudare! Voi oggi, invece, a quanto mi dicono, avete la tecnologia. Sembra che abbiate costruito uno schiavo elettronico chiamato computer che non fugge, che non si ammala[2] e che soprattutto non dice bugie. Ebbene, prima o poi vi accorgerete che questo nuovo schiavo potrà fare meglio di voi

[2] Evidentemente Socrate ignorava l'esistenza del virus del computer che tratteremo nel capitolo X.

tutti i lavori dell'apparire. A quel punto avrete il problema di come far passare il tempo. E se prima di quel giorno non vi sarete allenati a restare immobili, finirete tutti nella più dura depressione. È necessario, allora, che qualcuno, sulla Terra, cominci fin d'ora ad aprire delle scuole d'ozio allo scopo d'insegnare agli esseri umani l'arte del vivere.»

«Vuoi dire delle scuole dove uno scolaro impara a non fare nulla?»

«Proprio così, e bada che non è affatto facile vivere senza far niente, ovvero senza praticare nessuna di quelle attività illusorie che gli uomini si sono inventate con il solo scopo di far passare il tempo, come il lavoro, il potere e il divertimento.»

«E cosa si dovrebbe fare?»

«Imparare a essere.»

«Sì, questo l'ho capito, ma c'è un altro aspetto che mi incuriosisce. Per evitare il non essere, e nel medesimo tempo evitare che tutto ci crolli addosso, non è necessario predisporre un minimo di ordine? In altre parole, o Socrate, io vorrei sapere da te se è più pericoloso, ai fini dell'essere, vivere in mezzo all'Ordine o al Disordine.»

«Come sempre non so rispondere. In compenso, però, so domandare. Per te, restare calmi di fronte a un'improvvisa calamità, è indice di Ordine o di Disordine?»

«Direi di Ordine. Ma dimmi, o Socrate: qui nel Limbo, non c'è qualcuno con cui parlare di Ordine e di Disordine?»

«Certo che c'è, ma con chiunque ne parlassi, scopriresti che ha un pessimo carattere» rispose Socrate sorridendo. «Di Parmenide ti ho già detto. Più fautore dell'Ordine di lui non c'è nessuno. Ha sempre proclamato che non esiste nulla all'infuori dell'Uno e che questo Uno è un essere immobile, unico, intero e ingenerato. In altre parole, a sentire Parmenide, l'Uno sarebbe l'Ordine ordinato per definizione.»

«D'accordo, ma anche lui ammetterà l'esistenza di una forza antagonista, come il Disordine.»

«Mi accorgo che parlo, parlo, e che tu non senti. Per Parmenide non esiste nulla al di fuori dell'essere e quindi nulla al di fuori dell'Ordine. Tutto il resto, ovvero il Disordine, il molteplice, l'apparire, l'opinione e via dicendo, ti può anche sembrare che sia, ma in realtà è un'illusione dei sensi.»

«Sì, però io lo vedo.»

«Sempre che lo voglia vedere. Se invece chiudi gli occhi sparisce all'istante.»

«E di tutti i filosofi che conosci, chi potrebbe essere il paladino del Disordine?»

«Senza dubbio Eraclito. A lui tutto quello che sta fermo fa schifo. Sostiene che il Disordine vuol dire vita e che l'Ordine vuol dire morte. *Panta rei,* dice lui, tutto scorre, e se scorre, precisa, vuol dire che vive. In altre parole, ama tutto quello che cambia. Nella realtà, poi, non ama nessuno. Anzi, è proprio lui il primo a non voler cambiare. Si è rinchiuso in fondo a una caverna e non vuole più parlare con nessuno. Adesso sarà più di un secolo che non lo vedo.»

«E del tuo pupillo Platone che mi racconti? Non è lui, se ben ricordo, l'inventore del dialogo, e quindi anche dell'opinione?»

«Niente di più errato: se c'è uno nel Limbo che ha sempre creduto nell'Ordine, questi è Platone. Detto fra noi, Platone mi ha un po' deluso. Sia chiaro, per volergli bene, gliene voglio sempre, ma le cose che mi fa dire in quel suo dialogo terribile, *La Repubblica*, non le condivido assolutamente.»

«Con questo che vuoi dire, che era un bugiardo?»

«Non sempre, però qualche volta esagerava. Timeo, tanto per dirne una, era un pitagorico pieno di entusiasmo, un uomo disordinato per natura. Ebbene, guarda quello che gli fa dire nel dialogo a lui dedicato: "Il Demiurgo, un giorno, volendo che tutte le cose, per quanto possibile, fossero anche buone, prese tutto quello che non era in quiete, che si agitava vorticosamente, e lo ricondusse dal Disordine all'Ordine, giudicando questo migliore di quello".»[3]

«Sì, però nel *Simposio* parla anche di Eros, il che equivale a desiderare il Disordine in una vita ordinata.»

«Pensala come vuoi, ma se c'è stato un sostenitore del dovere, e di conseguenza dell'Ordine, questi è Platone. Quando andò a sperimentare le sue idee politiche a Siracusa, se non fosse stato per quel brav'uomo di Archita che lo andò a salvare con una triremi, i siracusani gli avrebbero fatto la pelle.»

«Vabbè, lasciamo stare Platone. Ma tu come la pensi? Se dovessi scegliere come compagno di viaggio uno solo di questi due Dei, l'Ordine o il Disordine, chi sceglieresti?»

«Non ne ho la minima idea. Se penso a tutto quello che ho fatto nella vita, e soprattutto a quello che ho detto, mi sembra di essere stato sempre un uomo d'Ordine, poi, però, a essere sinceri...»

«...praticavi anche il Disordine.»

«In verità, io sono sempre stato "il tafano" di Ate-

[3] Platone, *Timeo*, 30 a.

ne,[4] ovvero uno di quegli animaletti che vivono tra i peli del ventre dei cavalli e impediscono loro di addormentarsi. Una volta dissi che lo Stato, vuoi per pigrizia, vuoi per calcolo, si adagia sul solito tran tran e si dimentica del dovere. Ed è in quel momento che il tafano deve agire: una bella punzecchiata e la cavalla Stato si sveglia. Ebbene, l'intervento del tafano appartiene chiaramente al Disordine, all'eccezione che si oppone all'abitudine.»

«Sei uomo di Disordine allora?»

«Non proprio, perché poi, quella volta che capitò a me l'occasione d'infrangere le Leggi, mi rifiutai di farlo.»

«Come andarono le cose?»

«Era il mio ultimo giorno di vita, quello in cui avrei dovuto bere la cicuta. La nave di Delo aveva già doppiato il capo Sunio.[5] Il mio amico Critone quella mattina arrivò prestissimo, all'alba, anzi, non era ancora spuntato il sole quando me lo vidi accanto, nella cella, che mi guardava dormire... Ma, eccolo qui Critone: lui stesso, se vuole, ti potrà raccontare l'episodio.»

Mi voltai e vidi un vecchio, anche lui con una tunica bianca, ma molto più elegante di quella di Socrate. Aveva perfino un paio di braccialetti d'oro ai polsi. «Strano,» pensai, «che nell'aldilà diano il permesso di portare i gioielli! Forse sarà consentito solo nel Limbo dove non ci sono né beati né peccatori.» Critone si avvicinò e Socrate gli chiese:

[4] Platone, *Apologia*, 30 e.

[5] Promontorio sull'estrema punta sud-orientale dell'Attica, detto modernamente Capo Colonne.

«Racconta tu, o Critone, di quella volta in cui mi proponesti d'infrangere le Leggi.»

«Non me ne parlare,» rispose il brav'uomo con un lungo sospiro «non so ancora perdonarmi per non essere riuscito a convincerti.»

Poi, rivolgendosi a me:

«Dimmi tu piuttosto, o straniero: se una Legge non prescrive il giusto può essere ancora considerata una Legge? Io quella mattina ero andato di buonora in carcere, deciso a portarmelo via. Avevo corrotto tutti gli Undici, dal primo all'ultimo, e perfino i due soldati che erano di guardia al portale. Non volevo che un domani qualcuno potesse dirmi: "O Critone, per avarizia non hai salvato un amico". Ma poi lui si mise a parlare, e quando Socrate si mette a parlare, lo sai com'è, finisce sempre col farti cambiare idea.»

«Ma cosa disse in particolare?»

«Gli dissi» intervenne Socrate «che se fossi scappato, e avessi incontrato fuori dal carcere le Leggi di Atene, non avrei saputo cosa rispondere. Le Leggi, infatti, mi avrebbero chiesto: "Dove stai andando, o Socrate, travestito da donna e avvolto in una vecchia palandrana? Vai forse in Tessaglia, tra gli amici di Critone, noti per il disordine e la dissolutezza? Ti rendi conto che, per salvarti la vita, mandi a morte noi che siamo le tue Leggi, quelle stesse Leggi che permisero a tuo padre di prendere in moglie tua madre e a te di nascere?".»

«Le Leggi, le Leggi! Ma di quali Leggi parli?» protestò vivamente Critone. «Per me esiste una sola Legge, ed è quella della sopravvivenza: "Ognuno ha il dovere di vivere quanto più a lungo possibile, non solo per se stesso, ma anche per i suoi cari!".»

«Ed è proprio per sopravvivere, o mio buon Critone, che c'è bisogno di Ordine» incalzò Socrate alzando un filino la voce. «La verità è che dobbiamo obbedire alle Leggi anche quando ci sembrano ingiuste.»

VII

Gli anni del Disordine

I giovani vogliono diventare qualcuno, i vecchi già lo sono. Essere e Divenire sono verbi generazionali. Questo il motivo per cui, quasi sempre, i ragazzi si agitano a più non posso e gli anziani pretendono il posto a sedere. Non mancano, però, le eccezioni: a Efeso, nel IV secolo avanti Cristo, un vecchietto di nome Erostrato incendiò il tempio di Artemide solo per diventare famoso. Fosse stato vivo oggi si sarebbe piazzato davanti alle telecamere del Festival di Sanremo.

Erostrato, a mio avviso, deve aver fatto un ragionamento del genere: «Sono arrivato a ottant'anni senza fare nulla di importante. Non sono autore di un poema, non ho scolpito una statua memorabile, non sono un capo di Stato e nemmeno un generale che ha vinto grandi battaglie. Per questi motivi, prima che Thanatos mi porti via per sempre, è indispensabile che io faccia qualcosa di eccezionale». Detto fatto, appiccò il fuoco al monumento più illustre della città, e, mentre le fiamme gli divampavano intorno, si mise a urlare: «O popolo di Efeso, io sono Erostrato: quello che ha incendiato il tempio di Artemide!». Gli efesii lo condannarono a non essere più nominato e imposero per legge che il suo nome non fosse mai pronunciato da nessuno. Malgrado la condanna, però, oggi, il nome di Erostrato è regolarmente riportato nell'*Enciclopedia Treccani* a pagina 266 del XIV volume. Lui sì e io no, purtroppo. Vuol dire che aspetterò anch'io gli ottant'anni, e se la Treccani continuerà a ignorarmi, mi vedrò costretto a incendiare qualcosa.

Parafrasando Longanesi, la vita potrebbe essere divisa in tre fasi: *Rivoluzione*, *Riflessione* e *Televisione*. Si comincia col voler cambiare il mondo e si finisce col cambiare i canali. È un argomento, questo, che ha fatto nascere molti aforismi. Eccone alcuni:

«Si nasce incendiari e si muore pompieri.»

(Non so chi l'abbia detto, forse Flaiano, forse Longanesi, comunque uno come loro.)

«Cercava la rivoluzione, trovò l'agiatezza.»

(L. Longanesi)

«Pensare contro è più facile che pensare a favore.»

(L. Longanesi)

«Se non si è di sinistra a vent'anni e di destra a cinquanta, non si è capito niente della vita.»

(Non so chi l'abbia detto, forse Flaiano, forse Longanesi, comunque uno come loro.)

«Se c'è una cosa che funziona in Italia è il disordine.»

(L. Longanesi)

«Berna è la città più ordinata della Svizzera. È grande il doppio del cimitero di Napoli, ma ci si diverte solo la metà.»

(L. D.C.)

«Un'idea che non trova posto a sedere è capace di fare la rivoluzione.»

(L. Longanesi)

«I giovani vogliono sempre fare le barricate, ma preferiscono farle con i mobili degli altri.»

(E. Flaiano)

«La nostra ricchezza è il disordine, che poi è anche la nostra miseria.»

(L. Longanesi)

«Più aumentano gli anni e più diminuiscono le speranze di essere immortali.»

(E. Flaiano)

«Molti fingono di essere di sinistra per prudenza.»

(L. D.C.)

«L'uomo passa la prima metà della vita a rovinarsi la salute, la seconda a curarsela.»

(J. Leonard)

«L'ideologia predominante dei giovani è quella dello stare insieme agli altri giovani, o, che è lo stesso, dello stare lontani dai vecchi.»

(L. D.C.)

«I libri e i vecchi servono a trasmettere l'esperienza. Se una società non legge e non rispetta i vecchi è perduta.»

(L. D.C.)

«I vecchi che posseggono il senso dell'humour hanno diritto al trenta per cento di sconto sull'età.»

(L. D.C.)

«La gioventù è una malattia da cui si guarisce in fretta.»

(L. D.C.)

«Per apprezzare i contemporanei non bisogna essere contemporanei.»

(E. Flaiano)

«Sono disposto a sopportare l'ingiustizia, a patto che sia almeno ordinata.»

(L. Longanesi)

Amo l'Ordine perché, in quanto esiste, mi permette di infrangerlo.

(L. D.C.)

Il primo errore praticato dai giovani è quello di ritenersi immortali, il secondo quello di credere di avere sempre ragione. Alcuni minorenni sono sinceramente convinti di essere i depositari del Verbo e non hanno alcuna voglia di ascoltare chi la pensa in modo diverso. Essi hanno solo certezze assolute e non conoscono le tre virtù cardinali della tolleranza, ovvero il distacco dalla passione (l'*apateia*), il dubbio (l'*aporein*) e la sospensione del giudizio (l'*epochè*). Per punirli di tanta superbia, l'entropia li farà diventare vecchi quanto prima possibile.

Mio padre era un uomo di poche parole. In genere commentava i fatti usandone una sola, scelta però con la massima cura. Se, ad esempio, sentiva suonare troppo il telefono, prima si guardava intorno con aria disperata, e poi diceva:

«Il telefono!» e lo diceva sempre col punto esclamativo.

Un giorno, eravamo nel '40, un corteo di studenti stava sfilando per via Caracciolo: erano in gran parte universitari del GUF che inneggiavano all'entrata in guerra dell'Italia. Cantavano inni come «Nizza e

Savoia, Corsica fatal, Malta balorda di romanità». Gli slogan più urlati erano «Morte alla perfida Albione» e «Dio stramaledica gli inglesi». Mio padre si affacciò al balcone, ci restò per qualche secondo in silenzio, poi tornò in camera da pranzo e disse:

«Gli studenti!»

Per lui quella parola valeva un intero discorso. Era come se avesse detto: «Eccoli i giovani: capaci solo di far casino. Poi tocca a noi partire per la guerra». E se qualcuno gli avesse ricordato che l'inno del fascismo era *Giovinezza*, avrebbe risposto «infatti», e chi voleva capire capiva.

La verità è che, qualunque sia il governo, gli studenti hanno sempre la necessità irrefrenabile di manifestare il proprio dissenso. È un problema più di natura fisiologica che politica. È il vulcano del Disordine che di tanto in tanto ha bisogno di eruttare e, come dice il grande poeta Hölderlin nella *Morte di Empedocle,* non c'è modo di tenerlo a freno.

Volendo trarre delle conclusioni, la dittatura è Ordine e la rivoluzione è Disordine, anche se poi, a rifletterci meglio, un pochino d'Ordine per fare una rivoluzione sempre ci vuole. Diceva Bakunin, che di rivoluzioni se ne intendeva, che ogni rivoluzione è per tre quarti fantasia e per un quarto realtà. Basti pensare a tutti i problemi connessi a un'insurrezione. Come prima cosa è necessario darsi un appuntamento:

«Allora, domani, alle 8.30, in piazza Santi Apostoli, e mi raccomando: tutti puntuali.»

«E Giorgio e i suoi?»

«Quelli vanno a occupare Saxa Rubra.»

«Sempre alle 8.30?»

«Certo. L'importante è che tutto avvenga contemporaneamente, altrimenti non funziona.»

Poi c'è il problema delle armi. Qualcuno le deve ordinare in tempo, e non è un caso che il verbo «ordinare» venga dalla radice *ordine*. In altre parole, per essere bravi rivoluzionari bisogna essere innanzitutto ordinati. Sarà anche per questo che gli italiani di rivoluzioni ne hanno fatte pochine. Troppo disordinati per arrivare al traguardo. Quella del '99, a Napoli, fu addirittura penosa. Perfino il popolino la prese a pernacchie.

In politica il Disordine altro non è che un apostrofo rosso tra due Ordini successivi, quello dei preparativi e quello del trionfo. Più esattamente potremo dire che, a prescindere delle idee di partenza, chiunque raggiunga il potere ha come primo obiettivo quello di conservarlo. Per rendersene conto, basta aprire un qualsiasi libro di storia e leggere quanto è successo dopo la presa della Bastiglia o dopo l'occupazione del Palazzo d'Inverno. Robespierre e Stalin nascono a sinistra e muoiono a destra. Mussolini nasce socialista e muore fascista.

Professare queste idee, comunque, è un tantino pericoloso: si viene subito accusati di qualunquismo. Il guaio è che, come esiste il razzismo nei confronti dei negri, così esiste il razzismo nei confronti dei qualunquisti. Il prendere le distanze dai partiti non è stato mai visto come il prevalere del *logos* sulla passione, ma sempre come un peccato di omissione civile. L'uomo di potere teme il qualunquista più dell'avversario politico. Con il secondo sa come difendersi, gli basta definirlo fascista o comunista. Col primo, invece, ha dei problemi: più che chiamarlo qualunquista non sa cosa dire.

Per la maggior parte degli italiani non essere di sinistra vuol dire essere di destra, e viceversa. Pochi riescono ad accettare l'idea che possa esistere qualcuno che, a seconda del problema sul tappeto, a volte sia d'accordo con la destra e a volte con la sinistra. Tra l'altro, in questi ultimi tempi, le distanze tra conservatori e progressisti si sono ridotte ai minimi termini in quasi tutti i paesi democratici. Alcune battute che appartenevano ai copioni della sinistra vengono recitate a destra e viceversa. Un tempo l'intellettuale di sinistra odiava i nobili e amava il popolo. Adesso, invece, ha cambiato bersaglio: è diventato aristocratico, e tutto ciò che puzza di popolare, come gli show, il karaoke e i quiz, gli fa sinceramente schifo. Non gli piace più nemmeno la minigonna che pure lo aveva tanto entusiasmato negli anni Sessanta, o, per meglio dire, che lo aveva entusiasmato finché era considerata un segno di protesta. Poi, una volta diventata fenomeno di massa, ha cominciato a snobbarla. Per contro, le destre trovano consensi negli strati più popolari del Paese: basta fare due chiacchiere con un tassista, una massaia o un fruttivendolo, per rendersi conto fino a che punto viene desiderato l'Uomo Forte. Che la buonanima di Guglielmo Giannini ci perdoni.

VIII

Ordine e ammuína

A Napoli l'espressione *facìte ammuìna* sta per «fate casino» ed è legata a un aneddoto, con ogni probabilità falso, che voleva mettere in ridicolo la Marina borbonica. Raccontano gli storici (in particolare quelli piemontesi) che sulle navi di Ferdinando II, per dare un'impressione di grande efficienza alle autorità in visita, al comando *facìte ammuìna,* tutti i marinai erano tenuti a trasferirsi da prua a poppa, da babordo a tribordo, dal ponte alla stiva (e viceversa) senza mai fermarsi.

Passando ora dalla storia alla fisica, vediamo cosa succede dentro la materia. Sono seduto, in una trattoria romana, davanti a una scodella di brodo bollente. Aspetto che si raffreddi e nel frattempo penso.

A vederlo, il mio brodo, sembra un liquido tranquillo, senza problemi; tra l'altro emana un delizioso profumo di carne e dalla sua densità intuisco che sarà anche molto gustoso. A esaminarlo, invece, più da vicino, magari con un microscopio elettronico, svelerebbe scenari apocalittici, e in particolare movimenti di molecole che passano da prua a poppa e da babordo a tribordo.

Vuoi vedere, mi chiedo, che qualcuno ha dato ordine al mio brodo di «fare ammuína»? Ma non basta: alcune delle molecole passano dallo stato liquido a quello gassoso e lo abbandonano per sempre per essere assunte in cielo. Io prima, banalmente, le ho chiamate «profumo» e invece altro non erano che le molecole più veloci. Se poi andassi a guardare all'interno di queste molecole, troverei che anche gli atomi che le compongono hanno il loro bel da fare: oscillano da destra a sinistra e da sinistra a destra e ruotano, così come oscillano e ruotano gli elettroni, i neutroni e i positroni che si trovano all'interno degli atomi. Riassumendo: più il mio brodo scotta e più è alta l'entropia della scodella.

Ma che cos'è l'*entropia*? È essenzialmente una disgrazia, un guaio che abbiamo passato e al quale non possiamo sottrarci. Adamo ed Eva quando furono cacciati dal Paradiso Terrestre udirono una voce risuonare dall'alto: «Tu uomo lavorerai con sudore e tu donna partorirai con dolore». Poi, dopo una piccola pausa, la voce aggiunse: «E tutti e due sarete perseguitati per i secoli dei secoli dall'entropia».

Lì per lì i disgraziati capirono solo le prime due maledizioni. Per quanto riguarda la terza avrebbero dovuto aspettare fino al 1824, quando uno scienziato, tale Carnot, scoprì che per vivere meglio avevamo bisogno di molta energia e che, ogni volta che ne producevamo, una parte di questa energia se la squagliava per andarsi a mescolare con l'ambiente, generando disordine.[1] Ebbene, la misura di questo

[1] In realtà il *secondo principio della termodinamica* fu formulato da Rudolph Clausius nel 1850. Carnot nel 1824 si era limitato ad avanzarne l'ipotesi.

disordine si chiama entropia, così come la misura del calore si chiama temperatura.

Supponiamo, ad esempio, che io, questa sera, tornando a casa, trovi il mio guardaroba tutto sottosopra: camicie, giacche, calzini, cravatte e calzoni, accatastati gli uni sugli altri, alla rinfusa. La prima cosa che farei sarebbe quella di chiedere a Marianna, la mia colf filippina, chi abbia fatto tutto quel casino. Se lei mi rispondesse «nessuno» non le crederei, e farei bene a non crederle, dal momento che i miei vestiti non possono essersi mescolati da soli. Se una causa esterna, che so io, una grande fonte di calore, li avesse trasformati in sostanze liquide o gassose, ancora ancora avrei potuto crederle, ma in quanto oggetti «tosti», ovvero solidi, non vedo come avrebbero potuto disordinarsi automaticamente.

Per meglio chiarire il concetto: se in una tazza verso del latte e del caffè, è naturale che le molecole del latte e del caffè, in quanto liquide, non resteranno immobili, le une di fronte alle altre, a guardarsi, ma si mischieranno fino a formare un unico caffellatte. Lo stesso dicasi dei vapori di anidride carbonica che escono dai tubi di scarico delle auto: se si disperdono nell'aria è perché, essendo dei gas, si mescolano facilmente a tutto ciò che trovano di gassoso.

Prendiamo un litro di acqua fredda e un litro di acqua calda e versiamoli in un secchio: che cosa ne viene fuori? La risposta è semplice: due litri di acqua tiepida. Quando, però, andiamo a misurare il disordine che si è venuto a creare nel secchio, ci accorgiamo che sono accaduti due fatti molto importanti: 1. che l'entropia finale dei due litri di acqua tiepida è maggiore della somma delle entropie di partenza; 2. che non è più possibile riavere il litro di acqua fredda e il litro di acqua calda così com'erano prima. Come a dire che, una volta raggiunto un certo livello di disordine, non è più possibile tornare al disordine precedente.

Questo fenomeno, noto in fisica come *secondo principio della termodinamica*, contiene un preciso messaggio escatologico: il mondo si avvia irrimediabilmente verso la catastrofe finale, ovvero invecchia. Magari lentamente ma invecchia. E anche quelle cose che a prima vista ci sembrano eterne, come una montagna, o un grattacielo in cemento armato, col tempo sono condannate a sgretolarsi e a sparire. Così come, tra molti miliardi di anni, si dissolveranno nel nulla la Luna, il Sole, le stelle e le galassie.

«Il processo entropico può essere solo rallentato, mai bloccato!» sentenziava il mio professore di fisica al liceo. «E comunque non è reversibile: un acquario può diventare una zuppa di pesce, ma una zuppa di pesce non può diventare un acquario.»

E ogni volta che lo diceva rideva di cuore, tutto contento di aver detto una cosa, a suo giudizio, molto spiritosa.

Avendo, però, tirato in ballo il secondo principio, non posso mancare di riguardo al primo non citandolo nemmeno una volta. Il famoso «Nulla si crea e nulla si distrugge» – enunciato verso la fine del Settecento dal padre della chimica, Antoine-Laurent Lavoisier – ci ricorda che l'universo è un recipiente di energia, e che questa energia è indistruttibile. Dire, quindi, «ho consumato molta energia» è una stupidaggine, dal momento che lei, l'energia, non si consuma mai, al massimo cambia di nome, come quando, per merito (o per colpa) di un motore a scoppio, si trasforma da energia termica in energia dinamica. Ed è a questo punto che entra in ballo il *secondo principio della termodinamica*, quello di Carnot: «Ogni qualvolta la materia si trasforma in energia, una parte di essa si degrada perdendo la sua capacità di produrre lavoro».

Ora, per capire meglio cosa ci riserva il futuro, immaginiamo la natura come un grande campo di battaglia dove ogni giorno si affrontano a viso aperto due grandi eserciti, quello dei Tutori dell'Ordine e quello dei Guastatori del Disordine: il primo impegnato a far durare il mondo il più a lungo possibile, e il secondo impegnato a distruggerlo: l'Ordine visto come presupposto della sopravvivenza, il Disordine come corsa ineluttabile verso l'annientamento finale.

Qualcuno ha detto che noi umani siamo a metà strada tra l'infinitamente grande e l'infinitamente piccolo. Ai tempi di Democrito si supponeva che l'atomo fosse l'elemento più piccolo del creato. Poi la scienza, a forza di analizzare la materia, si è resa conto che invece è gigantesco, oltre che praticamente vuoto. L'atomo, infatti, è composto da un *nucleo* piccolissimo, situato al centro, e da un gruppetto di *elettroni* che gli ruotano intorno a enormi distanze. E non basta: anche nel nucleo c'è qualcosa che si agita, ovvero i *protoni* e i *neutroni*, i primi aventi carica positiva e i secondi senza alcuna carica elettrica. Ma non è finita: la matriosca della natura ci riserva ancora qualche sorpresa. Il protone non è, come molti credono, il più piccolo mattone dell'universo. Al suo interno si nascondono misteriose particelle chiamate *quark*, e io sono convinto che se andassimo ancora più a fondo, anche nei quark scopriremmo qualcosa che si muove, e precisamente milioni e milioni di minuscoli guerrieri medievali, armati di mazze ferrate, che sistematicamente si avventano su tutto ciò che è solido e lo sminuzzano quanto più è possibile. Scopriremmo, inoltre, un secondo esercito di corpuscoli, a loro volta vestiti da vigilantes, che cercano in ogni modo d'impedire ai guerrieri l'opera di distruzione.

L'obiettivo dei Tutori dell'Ordine è la conservazione dell'esistente, quello dei Guastatori del Disordine la distruzione sistematica della natura. I primi adottano come tattica la simmetria, i secondi l'annientamento della materia. Basta leggere *L'origine della specie* di Darwin per rendersene conto. Uno stormo di uccelli che emigra si dispone in formazione triangolare per ridurre al massimo la resistenza dell'aria. Un anello di fumo che esala dalla bocca di un fumatore di pipa assume una configurazione circolare solo per durare qualche secondo di più prima di dissolversi. Lo stesso dicasi della tela di un ragno o di un alveare. Sono tutte realizzazioni, queste, dei Tutori dell'Ordine. Per contro, se alcune specie animali scompaiono per sempre, è perché in certi casi le Forze del Disordine sono riuscite a sconfiggere i vigilantes. Allo stato attuale l'Universo è ordinato per un miliardesimo del suo volume, ed è disordinato per i rimanenti 999.999.999 miliardesimi. Noi, grazie a Dio, abitiamo in quell'unico miliardesimo che ancora funziona.

Che cos'è la «vita»? È la nascita e la morte di un organismo nell'arco del tempo. Per definirla, però, come si deve, dovremmo prima dare un significato alle parole «organismo», «nascita», «morte», e soprattutto «tempo». Una cellula che si divide in più cellule è certamente un organismo che sta crescendo, e che quindi vive. Ma in virtù di quale miracolo riesce a farlo? Grazie a un apporto di energia che le arriva dall'esterno, e per la precisione dall'acqua, dall'aria, dalla fauna, dalla flora e dall'energia solare. Sono, se non lo si è ancora capito, i Tutori dell'Ordine che si danno da fare per consentire alla cellula di sopravvivere e riprodursi. Contemporaneamente, però, i Guastatori del Disordine la circondano e l'attaccano con il chiaro intento di distruggerla. Nei primi anni di vita l'uomo è per definizione antientropico, dalla mezza età in poi, invece, si avvia sul viale del tramonto, e alla fine lo attende la morte, ovvero la totale dispersione nell'ambiente circostante. Questo ha stabilito la Necessità e così sarà per i secoli dei secoli. Il Kosmo, dicevano i greci, nasce dal Kaos e ritorna nel Kaos. O, per dirla alla latina, *pulvis es et in pulverem reverteris* (sei polvere e in polvere tornerai).

A Napoli il Disordine è di casa. Malgrado ciò, con molta pazienza, e con un po' di immaginazione, si riesce ancora ancora a sopravvivere, e a riprodursi. Prendiamo come esempio il traffico. L'andamento caotico della circolazione urbana rende difficile, per non dire impossibile, il rispetto di qualsiasi appuntamento. A questa carenza, però, il napoletano Doc reagisce declassando il concetto stesso di appuntamento: non dirà mai «ci vediamo alle cinque», ma sempre *«ce vedimmo a' via d' 'e cinque»*, che sta per «ci vediamo pressappoco alle cinque», ovvero «fra le quattro e trenta e le cinque e trenta». Se poi il ritardo minacciasse di assumere proporzioni più rilevanti, ci sarebbe sempre il servizio telefonico offerto da Massimo Colatosti. Detto giovanotto si apposta agli incroci e, come vede un ingorgo di quelli tosti, offre agli automobilisti in attesa il proprio cellulare in affitto.

«Tremila lire!» urla tra le auto bloccate. «Non fate stare in pensiero i vostri cari. *Avvisate 'a famiglia!*»

Oppure: «Tremila lire! Se avete un appuntamento di lavoro o un incontro galante, avvisate chi vi sta aspettando. Con sole tremila lire eviterete di fare una figura di merda».

Ovviamente per i messaggi più lunghi Colatosti chiede un sovrapprezzo, per il calcolo del quale dispone di un apposito contasecondi.

Anche negli attraversamenti pedonali c'è chi provvede a dare una mano ai passanti. A Santa Lucia, sul lungomare, all'uscita dei ristoranti La Bersagliera e Zi' Teresa, c'è un distinto signore che prima vi informa sulla pericolosità del traffico urbano, e poi vi accompagna fino all'altro marciapiede.

«In questo punto» dice «corrono come dei pazzi. Voi, però, non vi dovete preoccupare: seguitemi con tranquillità.»

Poi attraversa lui per primo bloccando con le mani alzate le auto in arrivo. Compiuta la traversata, chiede mille lire per il servizio. Ai vigili che vogliono multarlo per intralcio al traffico replica:

«Io, per vostra norma e regola, svolgo un servizio civile, e per di più lo faccio a rischio della vita.»

In natura tutto ciò che si muove ha le sue brave ragioni per farlo, altrimenti non si muoverebbe. Se c'è del vento vuol dire che c'è una diversità di pressione tra due zone vicine. L'aria si sposta dalla zona di più alta pressione a quella di pressione più bassa, e quanto maggiore è la differenza, tanto più forte sarà il vento. Lo stesso dicasi del calore: se si accostano due corpi di diversa temperatura, nasce subito un movimento termico dal più caldo al più freddo. In altre parole, il Disordine viene stimolato dalle differenze, mentre all'Ordine piace solo la parità.

A forza, però, di sminuzzare e pareggiare, ci si chiede cosa accadrà il giorno in cui non ci saranno più oggetti da distruggere né differenze da colmare, quando anche l'infinitesimo quark si sarà polverizzato, l'intero universo sarà diventato un unico e silenzioso caffellatte, le molecole non avranno più un motivo valido per muoversi, ogni punto dello spazio sarà uguale a tutti gli altri punti, l'immobilità piomberà sul creato e il massimo dell'Ordine coinciderà con il massimo del Disordine. Ebbene quel giorno, signori miei, in cielo apparirà la scritta FINE. Anzi, THE END.

A meno che tutto non ricominci da capo.

IX

Lo sport

È possibile tirare in ballo l'Ordine e il Disordine quando si parla di sport? Certo che è possibile, a patto che si faccia distinzione tra sport e sport, e soprattutto tra sportivo e tifoso. Esistono sport che dipendono dalla fantasia e altri che ne fanno volentieri a meno. L'atletica leggera, ad esempio, è un'attività che lascia pochissimo spazio al Disordine: è fatta essenzialmente di numeri, di misure e di tempi, con l'immaginazione ha poco a che fare. Nel medesimo tempo, però, è molto utile per capire quale sia il sottile fascino dell'Ordine.

Ho praticato atletica leggera per molto tempo, diciamo tra i diciotto e i venticinque anni, raggiungendo anche qualche discreto risultato: campione regionale campano negli 800 all'inizio degli anni Cinquanta, poi un titolo italiano terza serie nella staffetta 4 x 400, e infine qualche affermazione di minor peso sulla media distanza. (Erano i tempi gloriosi di Mario Lanzi e di Ottavio Missoni, rispettivamente presenti negli 800 alle Olimpiadi di Berlino e nei 400 ostacoli a quelle di Londra.)

Chiariamo subito che quelli erano tempi eroici: era appena finita la guerra, le società di atletica non avevano fondi, e tutto ricadeva sulle spalle dei poveri atleti (poveri in tutti i sensi dal momento che non avevano una lira in tasca e che mangiavano poco e male). Gli allenamenti si facevano allo stadio Collana gentilmente concesso dalle forze alleate che, sulla medesima pista, correvano con le loro moto, le terribili Harley-Davidson, lasciando nella tennisolite solchi profondi come i canyon dell'Arizona. Quando poi, una volta l'anno, si andava a Merano a fare i campionati universitari, per risparmiare sulle spese di albergo si era soliti dormire in treno, nei vecchi scompartimenti di terza classe, distesi sulle retine dei bagagli, sia la notte prima della gara che quella immediatamente dopo. Ora, per dormire sulle retine dei treni due sono le scuole di pensiero: c'è chi preferisce avere sotto le natiche la sbarra che divide a metà la retina, e chi invece la sopporta meglio sotto la schiena. La prima soluzione, che a prima vista potrebbe sembrare la migliore, comporta l'inconveniente di dover mantenere la testa ad angolo retto contro la parete di fondo dello scompartimento. La seconda, invece, non consente di stendere le gambe. L'importante, comunque, è avere vent'anni, il resto conta poco.

L'altro problema era quello delle scarpette chiodate. Non tutti ne possedevano un paio. Io, ad esempio, le avevo in comproprietà con tale Mario Capuozzo, un ragazzo di Portici (anche lui 42 di piede) che, però, correva sui diecimila. Per calzarle dovevo sempre attendere che lui terminasse la gara. Una volta che Capuozzo non ce la fece ad arrivare in tempo, e mi crollò svenuto sul rettilineo dei diecimila, dovetti entrare in pista, sfilargli le scarpette dai piedi e correre come un disperato verso la mia linea di partenza dei quattrocento.

Perché mi piaceva l'atletica, e perché continua a piacermi tanto quando la vedo in televisione? Perché, tra tutte le gare della vita alle quali ho partecipato, è quella che più si avvicina al concetto di Giustizia, ammesso che la Giustizia abbia a che fare con l'Ordine. In atletica leggera non ci sono giurie che possono influenzare i risultati: tra due atleti, quello più bravo arriva primo (e si vede), e quello meno bravo arriva ultimo (e anche questo si vede). In quasi tutte le altre attività umane, invece, sport compresi, c'è sempre di mezzo un arbitro, una giuria o un essere umano che può falsare il risultato, magari in buona fede. Il giudizio sugli artisti, ad esempio, siano essi attori, scrittori, pittori o cantanti, viene quasi sempre deciso da una lobby di potere, ovvero da un gruppo di signori chiamati «addetti ai lavori», che decide chi deve salire sul podio e chi deve sparire dal ricordo dei posteri. Ah, quanto mi piacerebbe allineare ai nastri di partenza atleti come Guareschi, Pasolini, Berto, Moravia, Marotta e Sciascia, e poi urlare «AI VOSTRI POSTI: PRONTI, VIA», e vedere chi arriva primo e chi arriva ultimo, il tutto senza tener conto del parere delle terze pagine, delle mafie letterarie e delle segreterie di partito!

Dove il Disordine comincia a far capolino è in quegli sport che, oltre alla forza fisica, pretendono anche l'impiego della fantasia: nel calcio soprattutto. Esaminiamo la bravura e il carattere di due calciatori che hanno segnato un'epoca: Rivera e Maradona, come dire l'Ordine e il Disordine fatti persona, fuori e dentro i campi di calcio.

Attenzione: dire che Gianni Rivera era un uomo d'Ordine non vuol dire che non avesse fantasia, anzi. Sta di fatto che le sue aperture di gioco, i suoi passaggi millimetrici, le sue geometrie precise, puntuali, illuminanti, erano quasi sempre decisive ai fini del risultato. Rivera è sempre stato un uomo d'Ordine. La sua presenza ordinatrice la si sentiva in ogni zona del campo, e dovunque si trovasse era sempre il punto di riferimento della squadra. E anche nella vita privata, come sul campo, Rivera era Rivera, ovvero un uomo maturo e saggio anche quando aveva soltanto quindici-sedici anni, e giocava tra i ragazzi dell'Alessandria.

Quale differenza con Maradona! Diego a Napoli ha mostrato tutto il bello e il brutto del Disordine. Azioni trascinanti, goal impossibili, partenze, palla al piede, da centrocampo fin dentro la rete avversaria, e, fuori dal campo, droga party, amicizie pericolose, figli illegittimi disseminati in giro, frequentazioni con la camorra, donne per una notte e basta, quasi che avesse detto a se stesso: «Ricordati che la vita è breve e datti da fare». Eppure, a conoscerlo bene, Maradona è un ragazzo di animo buono, per nulla portato a delinquere. Purtroppo il Dio Dioniso lo ha posseduto fin dalla nascita, e non credo che potrà mai cambiare in futuro, per quanto consapevole possa essere degli errori commessi.

Per ultimo parliamo dei tifosi. Qui basta la parola per capire con chi si ha a che fare. Il tifoso è un individuo affetto da tifo che si rifiuta di vedere e di sentire tutto quello che non va d'accordo con la sua passione. Fatevi raccontare il derby Roma-Lazio da due esponenti delle opposte tifoserie. Io ho provato a farlo con Carlo Verdone (che ha sempre tifato Roma) e con Enrico Montesano (che ha sempre tifato

Lazio). Ne sono venute fuori due partite completamente diverse. Eppure sia Carlo che Enrico sono due ragazzi intelligenti, due attori che fuori dallo stadio potrebbero essere considerati addirittura normali. Quella volta, però, mi raccontarono due derby del tutto diversi, dimenticandosi, l'uno, le decisioni arbitrali che avevano favorito la Roma, e, l'altro, quelle che avevano favorito la Lazio. L'unica cosa su cui concordavano era che l'arbitro non era stato all'altezza della situazione. Ovviamente tutti e due erano in assoluta buonafede, anche se non si comportavano da sportivi, bensì da tifosi, ossia da militanti del Disordine.

Il tifo acceca il tifoso e lo spinge a commettere azioni ripugnanti di cui, con ogni probabilità, si vergognerebbe a sole due ore di distanza. Ho visto seri professionisti, perfino notai, rivolgersi ai tifosi della squadra ospite facendo le corna o il gesto dell'ombrello. Altre volte signore in pelliccia urlare frasi oscene all'indirizzo dell'arbitro. Il tifoso, nel momento in cui mette piede nello stadio, si trasforma in un mostro accecato dall'odio. Basta dare un'occhiata agli striscioni esposti sugli spalti per rendersene conto. Una volta, durante un famoso Verona-Napoli, i tifosi di casa, a seguito di una possibile eruzione del Vesuvio ipotizzata dalla stampa, esposero uno striscione con la scritta «FORZA VESUVIO», e dieci minuti dopo i tifosi napoletani risposero con un altro striscione su cui avevano scritto: «GIULIETTA È UNA ZOCCOLA».

X

Il computer

La prima volta che c'incontrammo fu nel settembre del '61, a Maratea, presso il Lanificio Rivetti. Mi fu presentato dal dottor Negro, il direttore del Centro Elettronico. Mi ero sposato da pochissimo, da un mese o poco più, e tutto potevo immaginare tranne che quell'incontro avrebbe finito per condizionare tutta la mia vita. Oddio, proprio tutta no, diciamo mezza.

Lui stava lì, silenzioso, immobile, e occupava un intero salone. Era di colore azzurrino. Si chiamava IBM 1401. Tanto grande come ingombro, quanto povero di memorie, ne aveva solo duemila e non facevi in tempo a iniziare un lavoro che già eri costretto a chiuderlo per perforare i risultati parziali e iniziare un secondo passaggio. Non era capace nemmeno di fare le moltiplicazioni. Per fargliele fare bisognava convincerlo con le buone. Bisognava, cioè, fargli sommare tante volte un numero per quanto grande era il suo moltiplicatore. Dio, la fatica!

E poi, maledizione e morte, si rompeva di continuo: in media una volta al giorno. Il tecnico di manutenzione non ne poteva più. Per non andare di continuo dall'albergo al centro e dal centro all'albergo, si era fatto mettere una brandina nel magazzino ricambi, a due passi da lui. In pratica, dormivano insieme.

Ovviamente mia moglie l'odiava: erano più le sere che non tornavo a casa per la cena che quelle in cui riuscivamo a stare mano nella mano davanti alla televisione. Sotto sotto ne era anche gelosa, in particolare quando me ne sentiva parlare: «Ieri ha fatto questo... oggi ha fatto quest'altro». Lei, poverina, avvertiva la presenza di un terzo incomodo, non proprio un'amante ma qualcosa del genere.

La prima cosa che capii dei computer è che non perdonano: hanno un loro modo di lavorare freddo, razionale, inflessibile. Oserei dire che non hanno pietà. Procedono per passi successivi, metodici, sempre gli stessi, e non prevedono risposte all'infuori del sì e del no. Di fantasia neanche a parlarne. Pur ottenendo, a volte, risultati strepitosi, se visti da occhi profani, restano comunque dei marchingegni velocissimi ma stupidi. Più volte mi sono divertito a metterli in difficoltà. A volte basta chiedere loro un semplice calcolo sulle date per mandarli in tilt. Si dice, per esempio, che il passaggio dal 1999 al 2000 costringerà le banche a rifare tutti i programmi che calcolano gli interessi dei depositi. Un costo di milioni e milioni di dollari. Perfino le banche svizzere andranno in crisi!

I computer nascono da un bisogno di velocità. Erano i primi anni Quaranta, quelli della seconda guerra mondiale, quando qualcuno, a Filadelfia, notò che i calcoli delle traiettorie della contraerea erano interminabili. Le calcolatrici meccaniche, infatti, erano così lente, ma così lente, che gli aerei nemici avevano tutto il tempo di arrivare sugli obiettivi, gettare le bombe che volevano e andarsene via, senza che quelli di sotto avessero avuto modo di sparare un solo colpo di cannone.

«E se usassimo l'elettricità, invece delle macchinette manuali?» propose il responsabile della contraerea, il dottor Mauchly, al suo amico Eckert. «Non pensi che faremmo prima?»

«Faremmo prima di sicuro,» rispose Eckert «ma per ogni numero, dallo zero al nove, ci vorrebbero dieci fili e dieci lampadine.»

«Non è detto,» replicò Mauchly «una valvola può essere accesa o spenta. Quando è accesa vuol dire "uno" e quando è spenta vuol dire "zero". A questo punto di valvole ne bastano quattro: 0001 per dire 1, 0010, per dire 2, 0100 per dire 4 e 1000 per dire 8. Per tutti gli altri numeri si fanno delle somme, e precisamente 0011 per dire 3, 0101 per dire 5, e così via. L'importante è usare sempre e solo due simboli, lo zero e l'uno, ovvero la valvola accesa e la valvola spenta, al posto dei dieci numeri che di solito usiamo in aritmetica.»

Nasce così il primo computer a valvole, l'Eniac, e con esso la *logica binaria*.

Una volta fu chiesto al cibernetico Hofstadter se riusciremo mai ad avere un computer intelligente come l'uomo, e lui, con grande serietà, rispose: «Il giorno in cui un computer capirà quando io una cosa la dico per scherzo e quando no, allora potremo dire di aver costruito un computer intelligente». In altre parole, non è la velocità o la potenza del cervello a distinguere l'uomo dalla macchina, bensì l'ironia. Supponiamo che io adesso batta sul mio PC la seguente frase: «Io ed Eduardo Criscuolo siamo amici da quando stavamo in prima liceo, certe volte, però, quando lui mi fa arrabbiare, l'ammazzerei». A queste parole, il PC non avrebbe dubbi sulle mie intenzioni. Interrogato in proposito, risponderebbe: «Luciano De Crescenzo desidera uccidere il suo ex compagno di scuola Eduardo Criscuolo».

Oggi è possibile misurare l'intelligenza di un computer grazie al *test di Turing*. Si isolano in due stanze separate un uomo e un computer, e li si muniscono entrambi di una stampatrice, dopo di che si rivolgono loro le stesse domande. Se le risposte coincidono, vuol dire che uomo e computer hanno pari intelligenza. Se, invece, divergono, si cambia l'uomo con un altro più stupido, o meno stupido a seconda dei casi, fino a determinare il quoziente d'intelligenza del computer.

Il fatto, però, che il computer ragioni, seppure in logica binaria, fa sì che pian pianino il rapporto uomo-computer diventi, come dire, amichevole. Ho visto programmatori parlare col proprio PC come se fosse un essere umano. Altri arrabbiarsi come bestie quando non funziona, e altri ancora salutarlo, la mattina, quando lo accendono. È normale che un informatico parli al proprio computer dandogli del tu. Ecco, ad esempio, quello che mi raccontò uno dei tecnici che vennero a riparare il mio PC un giorno che si ruppe:

«Io gli volevo far registrare un *file* con un certo nome, e *lui* mi rispondeva che quel nome già ce lo aveva sul *menù*. Allora io gli ho detto che non me ne fregava niente che già lo avesse sul *menù*. E lui, incaponito, continuava a dire: "E se non te ne frega niente, cancellalo!". Allora io gli ho detto...»

Insomma, tra utente e computer nasce quasi sempre un rapporto affettivo che prima o poi è destinato ad andare in crisi, anche perché, essendo piuttosto breve la vita media di un computer (tre anni o al massimo quattro), il cambio di un *personal* (che non a caso si chiama *personal)* finisce col diventare una specie di abbandono. A questo punto mi chiedo: ma dove vanno a finire tutti i computer abbandonati? Non sarebbe il caso di istituire fin d'ora appositi ospizi?

Dire che il computer è il simbolo stesso dell'Ordine sembra una constatazione quasi ovvia. Non a caso i francesi lo hanno ribattezzato *ordinateur*. Eppure, anche in un computer, volendo, si può trovare la lunga mano del Disordine. Ma come fa il Disordine a penetrare in un mondo così preciso e così disciplinato come quello dei computer? Come può inquinare un luogo sacro dove tutto è stato già previsto? È presto detto: basta un *virus* e addio computer.

Spieghiamo brevemente, per chi non è del mestiere, che cos'è un *virus* di computer. Trattasi di un gruppetto di istruzioni che, una volta messe in circolo, bloccano, o addirittura cancellano, tutto ciò che trovano sul disco rigido. Supponiamo, ad esempio, che il mio computer, in questo momento, contragga un *virus* e che mi si cancellino tutte le pagine di questo libro. Ebbene, io, in meno di un secondo, getterei al vento mesi e mesi di lavoro. Mi vengono i brividi solo a pensarci! Ovviamente, perché ciò non accada, io, ogni volta che ho finito un capitolo, provvedo subito a stamparlo su carta, nero su bianco.

Comunque, credetemi, l'incontro con il *virus* è un'esperienza terribile: lo dico a ragion veduta, perché ho avuto modo di provarla in prima persona.

Era il 17 novembre del 1995 (il famoso «venerdì 17»). Mi si fermarono all'improvviso tutti e tre i computer di casa. Stavo lavorando con quello della camera da letto (il mio favorito). Non feci in tempo ad accenderlo che lui, prima emise un gemito, e poi si bloccò di colpo come per una sincope. Inutilmente cercai di massaggiarlo col *mouse.* Fui costretto a chiamare gli esperti per vedere se era possibile salvare almeno gli ultimi *files* che avevo scritto. Arrivò la squadra antivirus e nel giro di una giornata lo guarirono. Costo della terapia: cinquecentomila lire.

Ma chi inventa e chi diffonde i *virus?* Per rimanere in tema potrei rispondere: le Forze del Disordine. Più banalmente, invece, ipotizzo tre tipi di sabotatori, e precisamente: gli *hackers,* le case produttrici di *software* e i venditori di antivirus. Certo è che sono in ballo interessi per milioni di dollari. Esaminiamo i fatti:

1. Gli *hackers,* ovvero i «guastatori» dell'informatica, sono dei maniaci che si divertono a sabotare i computer altrui. Sono i piromani dell'era postmoderna. Probabilmente si conoscono tra loro, si incontrano nel sottosuolo delle metropoli e si confidano a vicenda gli ultimi *virus* che hanno messo in circolazione. Per combatterli, ogni computer che si rispetti ha un suo programma antivirus con il quale controlla tutte le informazioni che gli vengono dall'esterno. La cosa, però, non scoraggia affatto gli *hackers,* giacché loro si studiano i programmi antivirus predisposti dalle case costruttrici, e inventano altri *virus,* ancora più micidiali dei precedenti.

2. Le case produttrici di *software,* dal canto loro, hanno interesse a impedire che gli utenti, invece di

comprarsi i loro prodotti dai negozianti, se li vadano a copiare da qualche amico compiacente. Come fare per impedirlo? Basterebbe mettere in circolo un *virus* terribile, capace di mandare in tilt i computer, sia quello che copia, sia quello che ha copiato, dopo la terza copiatura. Ora, siamo obiettivi: se così hanno fatto, è stata una specie di legittima difesa.

3. I venditori di antivirus dovrebbero essere, però, i maggiori indiziati. Ricordo che una mattina a Napoli, nel quartiere dove abitavo io, al Vomero, furono trovate tutte le auto in sosta con le gomme squarciate. Evidentemente un serial killer, nel cuore della notte, si era scatenato. Poi si scoprì che non si trattava di un serial killer, bensì dell'unico gommista in zona. Sia chiaro: con questo non voglio incolpare tutti i produttori di antivirus del mondo, ma su alcuni di loro, a essere sinceri, nutro qualche sospetto. E dal momento che ne stiamo parlando, i tecnici che l'ultima volta sono venuti a casa mia per guarirmi il computer non me l'hanno contata giusta. Secondo me, prima mi hanno tolto il *virus* «venerdì 17», e poi me ne hanno messo un altro, più fetente che mai, che come una bomba a orologeria esploderà Dio solo sa quando.

XI
Ordine e Disordine nell'arte

Prendiamo gli aggettivi Buono e Cattivo, Bello e Brutto, Semplice e Complicato, Giusto e Ingiusto, e cerchiamo di capire da che parte stanno, se da quella dell'Ordine o da quella del Disordine. A prima vista verrebbe spontaneo archiviare Buono, Bello, Semplice e Giusto tutti nell'Ordine, poi, a pensarci meglio, viene fuori un dubbio. Ma siamo sicuri che nell'arte il Bello coincida con l'Ordine e il Brutto con il Disordine?

All'epoca di Platone il Bello e l'Ordine erano la me desima cosa. Il Bello passeggiava su e giù all'aperto e proiettava la sua ombra sulla parete di fondo di una caverna. Qui dentro un uomo, incatenato in modo che non potesse mai voltarsi indietro, pensava che l'ombra che aveva davanti a sé fosse la realtà, e la considerava più o meno bella a seconda che si avvicinasse o si allontanasse da un modello ideale non meglio precisato. E se provassimo a precisarlo questo modello ideale? L'Idea della donna, tanto per dirne una, rassomigliava di più alla *Madonna del Cardellino* di Raffaello o alla *Donna della Luna* di Pollock? Era magra e anoressica, stile Modigliani, o grassoccia e paciosa, stile Botero? La prima ipotesi è che la bellezza debba rispettare certe proporzioni, ovvero che le misure del naso, della bocca e dell'ovale di un viso vadano d'accordo tra loro. E così si è sempre pensato, almeno fino al neoplatonismo incluso.

Basta dare un'occhiata alle statue dell'epoca classica per rendersene conto. Poi si è fatta avanti un'intrusa: la noia. Si è scoperto che il Bello alla lunga stanca e che il Brutto, a volte, può piacere più del Bello proprio perché sorprende. Io, ad esempio, nella vita ho avuto moltissimi hobby. Oggi non ne ho più nessuno: dalla collezione di francobolli al trenino elettrico, dalla fotografia all'auto sportiva, dalla stereofonia alla barca, tutto prima o poi ha finito per stancarmi: non andrei più in giro con un motoscafo nemmeno se a invitarmi fosse la dea Afrodite in persona. Ebbene, qualcosa del genere deve essere accaduto anche agli artisti: un po' per i troppi capolavori armonici che c'erano in giro, un po' per colpa dell'invenzione della macchina fotografica, hanno sentito il bisogno di esprimersi in modo disarmonico, e il disarmonico, si sa, nasce dal Disordine. Di qui il sillogismo:

Nuovo uguale Disordine.
Nuovo uguale Bello.
Bello uguale Disordine.

E se esistesse un'estetica del Brutto? La domanda, a rifletterci sopra, non è poi così peregrina come sembra. Aristotele nella *Poetica* si chiede perché, a volte, e in particolar modo nell'arte, ci attrae quello che nella vita ci ripugna. Una risposta potrebbe essere questa: «Perché all'uomo piace ciò che è insolito». E così dicendo, si ritorna a parlare di «previsto» e di «imprevisto», e quindi alla fin fine di Ordine e Disordine.

Nella scultura l'idea del Bello si identifica con una statua greca. Il candore del marmo, il fascino del bianco, gli occhi privi di pupilla che guardano nel vuoto spesso ci conquistano e ci fanno parlare di «perfezione classica». Nessuno che si ricordi che in origine quelle statue non erano affatto candide come ci appaiono oggi, e che i loro occhi erano tutti colorati, magari di azzurro o di verde, proprio per piacere di più «alla gente», come si direbbe oggi. Il bianco immacolato è stato solo un regalo del tempo, e se a noi oggi piace tanto è perché lo avevamo già «dentro», come ogni altro modello ideale che si rispetti. Lo stesso dicasi dei templi: Dio solo sa di quanti festoni e addobbi colorati venivano coperti all'epoca di Pericle, solo per renderli più conformi ai gusti delle masse.

Nella mia ignoranza in storia dell'arte, ho sempre creduto che nell'antichità gli artisti dipingevano la natura così com'era, e che a partire dalla metà dell'Ottocento, con l'entrata in campo degli impressionisti, abbiano cominciato a deragliare dal «verosimile» per poi finire col chiamare «quadro» un sacco bruciacchiato o una tela con un taglio al centro. Sennonché alcuni amici critici, oltre che uomini del Disordine, quali Achille Bonito Oliva e Vittorio Sgarbi, mi hanno subito informato che il conflitto tra realismo e astrattismo esiste da sempre, fin dai tempi della Preistoria. Pare, infatti, che siano stati trovati graffiti di epoca paleolitica con scene di caccia molto realistiche, e altri della stessa epoca, dove sia le prede che i cacciatori erano appena intuibili.

Di fronte a giudizi così autorevoli non ho avuto il coraggio di obiettare. Poi, però, timidamente, ho avanzato l'ipotesi che i primi graffiti fossero di trogloditi che sapevano disegnare, e i secondi di trogloditi un po' meno bravi in disegno. Non l'avessi mai detto: gli esperti mi hanno subito sbattuto in faccia le riproduzioni di due vecchie monete, pressoché simili, risalenti, la prima a Filippo di Macedonia, e la seconda a una popolazione celtica di cui adesso non ricordo il nome, dove si vedevano ritratti un profilo di Apollo, e sul rovescio una biga. I soggetti erano gli stessi, ma i modi di rappresentarli del tutto diversi: sulla moneta di Filippo, sia l'Apollo che la biga erano realistici, su quella celtica astratti che più astratti non si può.

Ma non basta: un giorno a Londra, all'ingresso di una casa d'arte comparve un manifesto con la scritta: «Dipinti di scimpanzé». Immaginiamoci la meraviglia dei visitatori quando si resero conto che non di ritratti di scimpanzé si trattava, bensì di quadri dipinti proprio dagli scimpanzé. Anche in questo caso ci fu chi parlò di arte istintiva e chi di scarabocchi. Date un pennello a una scimmia e nel giro di cinque minuti avrete un quadro astratto, a volte più suggestivo di un Kandinskij. A questo punto ci si chiede dov'è che finisce l'istinto e dov'è che comincia il caso.

Probabilmente è sul significato della parola «arte» che bisognerebbe trovare un accordo. Io resto sempre dell'idea (che poi era anche quella di mia madre) che un quadro è bello quando comunica qualcosa, e che è brutto quando «non si capisce».

«Viene voglia di mangiarla!» esclamava mia madre, guardando un piatto di frutta dipinto dal buon Giovan Battista Ruoppolo, pittore napoletano del Seicento specializzato in nature morte. E ricordo la faccia di papà quando il nostro padrone di casa, mercante d'arte con galleria chic in piazza dei Martiri, gli mostrò una riproduzione dell'astrattista russo Casimir Malevič. Il quadro rappresentava un quadratino nero, minuscolo, su un fondo totalmente bianco. Papà non disse nulla, anche perché in quel momento il negozio era pieno di clienti. Per un attimo fu tentato di sintetizzare a suo modo, e cioè con una sola parola, tutto quello che pensava del quadro e del suo autore, poi, grazie a Dio, si astenne dal farlo. Dovette riflettere che non gli conveniva, per un astrattista di cui non conosceva nemmeno il nome, litigare col padrone di casa, e tirò fuori un semplice «ah» interlocutorio. Noi, però, che lo conoscevamo bene, capimmo fin troppo quello che avrebbe voluto dire.

La verità è che i quadri degli astrattisti lasciano sempre un po' interdetti. «Sarà davvero un bravo pittore, o ci marcia?» si chiede il profano, e non gli si può nemmeno dare torto. Nel secolo scorso, lo psichiatra Benedict August Morel, nel *Trattato sulla degenerazione fisica e morale della specie umana*, condannò ogni specie di astrattismo, e l'anno successivo il medico lombrosiano Max Nordau sostenne l'ipotesi che gli impressionisti dovevano avere un qualcosa nella retina che non funzionava a dovere. Gli artisti del Disordine, però, continuarono imperterriti a dipingere i loro quadri come sempre avevano fatto, e cioè badando più al loro mondo interiore che non a quello esterno.

Insomma, per farla breve, nel mondo dell'arte è

difficile fissare una data di nascita del Disordine. Una delle prime critiche al realismo la troviamo niente meno che nel *Repubblica,* uno dei dialoghi di Platone. Qui Socrate sostiene che i pittori non farebbero altro che copiare delle copie, e cioè le ombre che le Idee proiettano sul fondo della caverna.

«Dal momento che il loro mestiere è copiare,» dice il filosofo «perché non copiare direttamente le Idee, così come nascono nella mente?»

E poi aggiunge: «Può accadere che, a volte, alcuni pittori deboli di vista dipingano meglio di altri che hanno lo sguardo acuto».[1]

L'osservazione socratica ci fa capire che spesso un handicap, proprio perché impedisce ai sensi d'intromettersi, finisce col dare più spazio all'immaginazione. Valgono per tutti gli esempi di cantanti non vedenti quali Ray Charles o Stevie Wonder, o di musicisti immensi, come Beethoven, che era addirittura sordo quando si accinse a comporre la *Nona sinfonia.*

Un ulteriore passo avanti lo si potrebbe fare considerando il Disordine non più come l'opposto dell'Ordine, bensì come una sua esagerazione. In altre parole, l'Ordine si troverebbe giusto a metà strada tra il realismo ingenuo e l'astrattismo più sofisticato. Il Disordine, a sua volta, s'installerebbe più volentieri sulle ali che non al centro. Ovviamente non mi azzardo a fare nomi e cognomi di artisti celebri per non attirarmi i fulmini degli addetti ai lavori.

Giorni or sono, nella chiesa di Sant'Agostino a Roma, guardavo *La Madonna dei pellegrini* del Caravag-

[1] Platone, *Repubblica*, X a 596.

gio. I piedi nudi del primo pellegrino erano così sporchi, ma così sporchi, che ho subito capito perché a suo tempo il priore di San Luigi dei Francesi abbia rifiutato il quadro: lo considerava, certo, poco adatto a una chiesa linda e pulita come la sua. E poi le luci: sempre al limite del dramma, sempre oltre la soglia del dolore. Provate a dare uno sguardo alla *Crocefissione di San Pietro* nella chiesa di Santa Maria del Popolo a Roma, o alle *Sette opere di misericordia* custodite a Napoli nella chiesa del Pio Monte, e vi renderete subito conto che se fosse vissuto ai giorni nostri il Caravaggio avrebbe vinto di sicuro un Oscar, a Hollywood, al posto di Storaro, per la migliore fotografia. A questo punto sorge un dubbio: forzare la verità, adoperando le luci e le ombre così come faceva il Caravaggio, è realismo o arte psichedelica?

Tutto questo, però, senza tener conto del personaggio. Eh già, perché, se poco poco entriamo nella vita privata dell'artista, non ci sono più dubbi. Michelangelo Merisi, detto il Caravaggio dal luogo di nascita, come uomo è stato il più disordinato in senso assoluto di tutti i pittori disordinati del mondo. Ecco qui un breve resoconto delle sue imprese:

– Nel 1590 si fa un anno di galera a Milano per rissa.
– L'11 agosto del 1593 finisce in tribunale, insieme a due amici, per aver insultato tale Leonora Palelli.
– Il 19 novembre del 1600 va in prigione per aver diffamato il pittore Giovanni Baglione.
– Il 24 aprile 1604 sbatte in faccia a un cameriere un piatto di carciofi e viene querelato.
– Nell'ottobre del 1604 si fa due mesi di galera, sempre per rissa e lesioni.

– Il 28 maggio 1605 viene arrestato per porto d'armi illegale.

– Il 23 luglio del 1605 picchia prima «la bella Lena», una sua modella, e subito dopo il notaio Mariano Pasqualone che era stato incaricato dal tribunale di notificargli il divieto di frequentarla.

– Il 28 maggio del 1606 uccide in duello tale Ranuccio Tomassoni, non si sa bene se per debiti di gioco non pagati o per i favori della prostituta Fillide Melandroni. Dopo di che fugge da Roma e viene condannato a morte in contumacia.

– Il 12 luglio si rifugia a Malta e qui viene imprigionato per aver offeso un cavaliere dell'Ordine.

– Il 6 ottobre evade dalla prigione e raggiunge la Sicilia. Qui ferisce gravemente un maestro di scuola che voleva impedirgli di assumere come modelli i suoi scolari.

– A Napoli, forse per la prima volta, è lui a essere aggredito davanti all'albergo Cerriglio. A torto o a ragione, viene comunque arrestato dagli spagnoli.

Insomma uno stile di vita all'insegna del massimo disordine, per poi morire, a 39 anni, solo e abbandonato sulla spiaggia di Porto Ercole, il 18 luglio del 1610. Secondo alcuni sarebbe stato assassinato da qualche malvivente di passaggio a scopo di rapina, secondo altri, invece, sarebbe morto a causa delle ferite riportate durante l'aggressione napoletana.

XII

Ordine e Disordine nel cinema

Ci sono registi d'Ordine e di Disordine, film d'Ordine e di Disordine, e perfino registi «disordinati» che hanno fatto film «ordinati». Uno di questi è Federico Fellini. Due esempi su tutti: *Prova d'orchestra* e *Amarcord.*

Prova d'orchestra avrebbe potuto essere intitolato *Invettiva contro il Disordine* o, in alternativa, *Apologia dell'Ordine.* Il film ha inizio con alcuni orchestrali che vengono intervistati da una non meglio identificata televisione. Il fatto che emerge fin dalle prime battute è che ognuno dei professori ritiene, magari in buonafede, di essere lo strumento più importante dell'orchestra: il primo violino perché è il primo violino, il pianista perché senza pianoforte un'orchestra non è un'orchestra, l'oboe perché è il più antico di tutti gli strumenti e così di questo passo, fino ad arrivare all'arpa e al controfagotto che, a detta dei rispettivi cultori, sono strumenti fondamentali nella musica classica. Poi, quando meno te l'aspetti, ecco entrare in campo i sindacati:

«Signori professori, attenzione: non sono ammesse più di due prove consecutive. Una terza prova è fattibile solo se preceduta da una pausa di venti minuti.»

Al problema sindacale va aggiunta la scarsa professionalità degli orchestrali. Fin dalle prime note, infatti, ci si rende conto che qualcosa non funziona: gli strumenti non vanno d'accordo fra loro e più di un orchestrale sbaglia gli attacchi.

Il direttore, ovviamente tedesco, impreca:

«Preco signori: cosa avete oggi? Forse bisticciato? Per qvesto ognuno suona come pare lui? Eh? Dove credete di stare: su piazza di mercato?»

Si riparte, ma il direttore continua a urlare e gli orchestrali a suonare ognuno per conto suo. A questo punto intervengono i sindacalisti e mandano tutti in pausa. Vibranti proteste del direttore.

«Se Wagner avesse avuto sindacati, non scritto nessuna opera. Ja?»

Durante la pausa si fa avanti un vecchio copista che vuol dire la sua:

«Una volta non era così. Come prima cosa gli orchestrali stavano tutti in giacca e cravatta, anche alle prove. Poi c'era un'usanza: chi stonava, o chi non entrava a tempo, era obbligato a suonare in piedi fino alla fine del concerto. Le pause? I sindacati? Ma quali pause? Ma quali sindacati? A volte si provava tutta la notte, e alla fine il direttore veniva pure applaudito, anche se, magari, pochi minuti prima aveva preso a bacchettate sulle mani qualche professore. Anzi, sa cosa le dico? Che ai professori piaceva essere presi a bacchettate dal direttore.»

Nasce così il desiderio dell'Uomo Forte, soprattutto tra i ceti più umili.

Finita la pausa, il direttore vorrebbe riprendere le prove ma viene duramente contestato dall'orchestra. Non a caso il film è datato '69. Nella sala regna l'anarchia più assoluta. Il primo violino e il secondo violino si schiaffeggiano a vicenda. La pianista, una bella ragazza mora, approfittando della generale confusione, si sdraia sotto il pianoforte e si mette a pomiciare con un suonatore di violoncello. Alcuni orchestrali scrivono frasi oscene sulle pareti. Altri urlano slogan sessantottini:

Direttore, direttore,
non ti vogliamo più,
d'ora in poi se vuoi dirigere,
lo fai a testa in giù.
Direttore, direttore,
non ti vogliamo più,
d'ora in poi se vuoi dirigere,
lo fai a testa in giù.

E poi, in un crescendo di urla:

Orchestra, terrore,
a morte il direttore.
Orchestra, terrore,
a morte il direttore.

Qualcuno propone di sostituire il direttore con un metronomo. Ne portano uno in sala, gigantesco, ma non fanno in tempo a installarlo sul palco che una scossa di terremoto li blocca. Si apre una profonda crepa sul muro. La parete crolla e al di là di essa appare un enorme maglio di pietra. Tutti ammutoliscono sbigottiti. Il direttore risale sul podio, riprende in mano la bacchetta e urla:

«E adesso ognuno fare attenzione a suo strumento. La musica salva noi. Aggrappatevi alle note così come mie mani possono indicare.»

E gli orchestrali riprendono a suonare tra le macerie.

Lo stesso tema, ma in modo molto più poetico, è svolto in *Amarcord.*

Siamo in Romagna, è domenica. La famiglia Fellini va a prendere lo zio Teo, ricoverato nel manicomio provinciale, e lo porta a mangiare in una trattoria fuori città.

«Come sta?» chiede il papà di Federico a un infermiere.

«Sta bene, sta bene» gli risponde quest'ultimo in tono bonario.

Che non stia troppo bene, invece, lo si capisce subito: sceso dal calesse per fare un bisognino, lo zio Teo si dimentica di sbottonarsi i pantaloni e se la fa addosso. Non contento di questo, subito dopo mangiato, approfittando di un momento di distrazione dei suoi, si arrampica su un albero e si mette a gridare come un ossesso:

«Voglio una donna... voglio una donna...»

La situazione diventa subito drammatica, e nello stesso tempo fortemente comica. (A questo punto, come non rivolgere un pensiero riconoscente a Nietzsche, secondo il quale solo quando il tragico e il comico si congiungono si ottiene il sublime?)

Il papà di Federico Fellini impreca. Ce l'ha con tutti: in primo luogo con il Padreterno che ha fatto ammattire il fratello, poi con i familiari che non lo hanno sorvegliato abbastanza, e per finire con quelli del manicomio che lo avevano appena rassicurato sullo stato di salute di Teo. Inutilmente qualcuno prova a salire sull'albero: viene subito preso a pietrate dal pazzo. Evidentemente lo zio, prima di arrampicarsi, si era riempito ben bene le tasche di pietre.

«Voglio una donna... voglio una donna...»

Il grido diventa sempre più straziante, sempre più angoscioso nella sua sincerità. È il Disordine dell'uomo che si ribella a una condizione ordinata, ma disumana, come quella del manicomio.

Viene avvisato l'ospedale e dopo un po' arriva un furgoncino con un medico e due infermieri. Dall'auto scende anche una suora: è una nana. Ritorna ad affacciarsi il comico in compagnia del tragico. La nana sale su una scala di legno appoggiata al tronco e dà ordini in dialetto romagnolo.

«Scendi subito di lì!»

E lo zio scende. Tornato l'Ordine, al Disordine tocca ubbidire.

«Che volete farci,» sospira il medico alla famiglia, allargando le braccia, «certi giorni è normale e certi no. Come tutti noi, del resto.»

Il primo film disordinato che ho visto in vita mia è stato *Hellzapoppin* di Henry Potter. Era da poco terminata la guerra, quando cominciarono ad arrivare dall'America alcuni film «curiosi»: tra questi *Serenata a Vallechiara* con il boogie-woogie di Glenn Miller, ed *Hellzapoppin,* un film senza capo né coda con centinaia di gag, l'una più assurda dell'altra. Ricordo di averlo visto tre volte di seguito al cinema Olimpia in compagnia degli amici più cari. Noi ragazzi degli anni Quaranta eravamo molto fieri di *Hellzapoppin*, e più i nostri genitori storcevano la bocca solo a sentirlo nominare, più noi ci vantavamo di averlo visto.

Il film ha inizio con un addetto cinematografico che, invaghitosi di un donnone gigantesco all'interno di una cabina di proiezione, mischia tra loro due pellicole diverse, un western e un musical, con il risultato di proiettarle entrambe. Tra l'altro si vede un indiano del primo film chiedere ai protagonisti del secondo da che parte sono scappati i pellerossa. Poi, sempre per la prima volta nella storia del cinema, si vedono alcuni fermi-immagine, qualche spezzone proiettato a marcia indietro e perfino un paio di inquadrature capovolte con gli attori che recitano a testa in giù. A questo punto i protagonisti del film protestano e minacciano di abbandonare il set se tutto non torna in ordine.

«È proprio roba da matti!» esclama il proiezionista. «Sono quindici anni che faccio questo lavoro, ma un film come questo non mi era mai capitato.»

Sempre in *Hellzapoppin* i primi esempi di tormentone: ogni dieci minuti si vede una donna cercare un certo Oscar, senza mai trovarlo, e un uomo attraversare la scena con una pianta tra le braccia.

«Signora Jones,» grida l'uomo, «signora Jones...»

Ma nessuno risponde. A ogni passaggio la pianta è sempre più grande, e, alla fine, è diventata un albero.

Sempre in tema di Ordine e Disordine, molto significativo è anche *L'angelo azzurro* di Josef von Sternberg, un film degli anni Trenta, tratto dal romanzo di Heinrich Mann *Il professor Unrath*.

Siamo in una città di mare nel nord della Germania. Nel ginnasio civico un anziano professore di letteratura, inseguendo, di sera, alcuni suoi scolari, finisce con l'entrare in un locale malfamato, «L'Angelo Azzurro». Qui conosce Lola, una giovane *entraîneuse* molto sexy (Marlene Dietrich). L'incontro finisce con lo sconvolgere la vita del pover'uomo: da quel giorno, infatti, il nostro Unrath non riesce più a staccarsi dal camerino della ballerina. Con ogni probabilità ha scoperto il sesso in tarda età e ora non sa più vivere senza. A questo punto la sua discesa verso il basso è inarrestabile: prima perde il posto di lavoro, poi diventa il servo di scena della bella Lola, poi un clown, e infine l'aiutante di un prestigiatore che gli schiaccia in testa delle uova marce. Particolare fondamentale: ogni volta che viene colpito da un uovo, è tenuto a fare «chicchirichì» per far ridere la platea.

Il film termina con il professore Unrath che, avendo scoperto Lola a flirtare con un altro attore, cerca di strangolarla, per poi scappare come un pazzo verso la sua scuola. Qui giunto, viene colto da una sincope mentre abbraccia la cattedra dove aveva insegnato fino a qualche mese prima.

Nell'*Angelo azzurro,* molte immagini mi sono rimaste impresse nella mente, e in particolare:

– Il viso triste di un pagliaccio che non parla mai, pur esprimendo tutta la sua comprensione per il povero professore.

– La Marlene Dietrich mentre canta in tedesco a cavalcioni di una sedia.

– Un gruppo di ballerine che ballano curve come se avessero addosso un peso. Mi sono sempre chiesto il perché di quell'atteggiamento. Evidentemente a quei tempi, in Germania, piaceva la donna schiava.

Un'ultima annotazione: il cognome del professor Unrath, in tedesco, vuol dire «immondizia».

XIII
Il Bene e il Male

Ogni volta che doveva allontanarsi per qualche motivo, la maestra lo incaricava di segnare sulla lavagna i buoni e i cattivi, e a Manisco non pareva vero poterlo fare: si alzava lentamente dal banco, brandiva il gessetto con un ghigno sardonico, e poi cominciava a fissarci negli occhi uno per uno. Era fin troppo chiaro che provava un piacere sadico nel vederci tutti col fiato sospeso. Ci obbligava a restare muti, con le *mani in quarta,* anche per un'ora di fila.

L'espressione *mani in quarta* oggi non si usa più nelle scuole. Ai miei tempi invece voleva dire tenere le braccia conserte dietro la schiena e restare immobili come statue, nel più assoluto silenzio. Una volta, solo per aver proposto di aggiungere sulla lavagna anche la lista dei «così così», Manisco sottolineò il mio nome due volte, come a dire che ero stato il più indisciplinato di tutti.

A ripensarci oggi, la cosa che più mi diverte è che il cognome Manisco cominci giusto con Mani. Ma chi era Mani? Era un nobile persiano, o forse solo un predicatore, che mille e settecento anni fa decise di dividere il mondo in due parti nemiche tra loro: quella del Bene e quella del Male. Anche lui, come

Manisco, non ammetteva l'esistenza dei «così così». Qualunque cosa gli capitasse a tiro, fosse un uomo, una donna o un concetto, lui la segnava subito tra i buoni o tra i cattivi. *Tertium non datur.*

Il movimento religioso che ne seguì, detto «manicheismo», ebbe un successo strepitoso: sorto in Mesopotamia, si diffuse un po' dappertutto, in Asia, in Africa e in Oriente. Naturalmente le varie chiese locali passarono al contrattacco e fecero di tutto per rendere difficile la vita ai manichei. Persecuzioni a non finire, fustigazioni pubbliche e perfino qualche condanna a morte. Lo stesso Mani ci rimise la pelle: morì in catene dopo essere stato torturato per ventisei giorni di seguito.

Ora, non vorrei sbagliarmi, ma la cosa che più mandava in bestia le alte gerarchie ecclesiastiche era che i manichei ponevano sullo stesso piano Dio e il Diavolo, seppure uno dalla parte del Bene e uno dalla parte del Male.

Il Bene, per i manichei, era fatto di puro spirito e quindi era normale che salisse in cielo. Il Male, invece, essendo costituito dalla vile materia, non poteva che precipitare verso il basso. Dio veniva definito, a seconda del paese dove si predicava, Principe della Luce, Padre della Grandezza o Dio della Verità, e aveva come diretto avversario il Diavolo, ovvero il Principe delle Tenebre. La nomenclatura dei due schieramenti, però, non si limitava ai soli big: c'era tutta una gerarchia di vice e sottovice (santi e arcangeli da una parte, satanassi e diavolesse dall'altra). E tanto per darne un'idea, ecco, qui di seguito, un brano tratto dal *Kephalaion,* il libro sacro scritto personalmente da Mani:

Il corpo del Principe delle Tenebre ha cinque parti che corrispondono alle cinque creature che vivono nei cinque mondi del Buio. La testa ha la forma di un leone generato dal Fuoco. Le spalle, quelle di un'aquila portata dal Vento. I piedi, un'oscena prolunga scaturita dal Fumo. Le mani due estremità fuoriuscite dall'Acqua e il ventre per strisciare nel mondo dell'Oscurità.

Per contro il Principe della Luce veniva identificato col Sole e possedeva cinque zone luminose, ovvero:

1. l'Intelligenza,
2. il Pensiero,
3. l'Intenzione,
4. la Riflessione,
5. il Ragionamento.

(Da notare la ripetizione ossessiva del numero cinque.)

Per Mani la storia dell'Universo si divideva in tre fasi:

1. quella primordiale, dove il Bene e il Male avevano vissuto a lungo, ognuno per i fatti suoi;
2. quella attuale, dove convivono entrambi, litigando ogni giorno;
3. quella futura, dove ritorneranno a vivere separati.

Questa tendenza a dividere il mondo in due parti, l'una contro l'altra armata, non era poi così insolita. Gli antichi avevano sempre ragionato in termini binari: un'azione per loro poteva essere giusta o ingiusta, buona o cattiva, ma mai parzialmente buona o parzialmente cattiva. Lo stesso Gesù, che pure era persona incline al perdono, nel discorso della montagna è drasticamente bipolare:

«Che il vostro parlare,» dice «sia *sì sì* o *no no,* giacché tutto quello che è incerto appartiene al Male.»

Il Purgatorio, per chi non lo sapesse, inteso come *purgatorium,* ovvero come luogo medio dove ci si purga dei peccati minori, fu inventato solo nel XII secolo, pochi anni prima che Dante lo pubblicizzasse nel suo bestseller. Prima di lui, infatti, nessuno aveva mai osato parlarne, e meno che mai le Sacre Scritture. La geografia dell'aldilà prevedeva solo due possibili destinazioni, o i Campi Elisi, in mezzo agli eletti, o l'Ade, in mezzo alle fiamme.

Una volta inventato, il Purgatorio offrì subito delle grandi opportunità a tutto il genere umano. Dalle mie parti si specializzerà addirittura in una specie di società di mutuo soccorso tra napoletani vivi e napoletani morti: i primi pregheranno per i secondi per abbreviare la loro attesa, e i secondi verranno in sogno ai primi con i numeri del Lotto.

Volendo fare, infine, un giro panoramico tra le religioni, è molto interessante confrontare tra loro i vari tipi di aldilà, in modo che ognuno poi possa scegliersi la religione che più gli torna comoda. La Michelin potrebbe addirittura pubblicare una guida dell'Oltretomba con premi e punizioni e relative stelle di qualità. Si va dal Paradiso cristiano, dove i beati vivono in estasi senza fare, però, mai nulla di eccitante, a quello musulmano dove coloro che in vita hanno ammazzato un infedele possono andare a letto con 72 bellissime fanciulle, chiamate Urì, dotate di tette grandi come colline, di sederi larghi un miglio, capaci di provocare orgasmi della durata di almeno cento anni. E anche per quanto riguarda gli inferni c'è solo l'imbarazzo della scelta. In quello egiziano si finisce immersi in un lago di fuoco, mentre in quello greco si viene scorticati il primo giorno, per poi essere trascinati per tutta l'eternità sui carboni ardenti.

La mania (a proposito, anche «mania» comincia con «mani») di dividere il mondo in bianco e nero, senza ammettere la presenza dei grigi, appartiene non solo ai manichei propriamente detti, ma anche a molte correnti di pensiero e ad alcune specializzazioni professionali. Gli ingegneri informatici, ad esempio, come abbiamo visto nel capitolo dedicato al computer, definiscono «binario» il loro modo di ragionare basato su una serie di domande a cui si può rispondere solo o con un «sì» deciso, o con un «no» altrettanto perentorio. Tutto il software dei computer è redatto in «logica binaria». Noi invece, sostenitori del «così così», dell'incertezza e del Dubbio, in un mondo siffatto ci sentiamo a disagio.

Adesso, però, torniamo al nostro tema preferito: all'Ordine e al Disordine. Da quanto detto, ci accorgiamo subito che non è possibile fare un parallelo tra il binomio Ordine e Disordine e il binomio Bene e Male. Dire, ad esempio, che l'Ordine coincide con il Bene, o che il Disordine s'identifica con il Male, sarebbe una grande stupidaggine, giacché a volte è da preferire il primo, e a volte il secondo. Per rendersene conto basta pensare che mentre in una storia d'amore ci affascina il Disordine, e quindi la passione, la fantasia e l'imprevisto, in un ospedale, dove magari siamo finiti per una banale operazione di appendicite, pretendiamo il massimo dell'Ordine da tutto il personale, e in particolare dal chirurgo affinché non si dimentichi il bisturi nella nostra pancia. Altrettanto dicasi per i passaggi a livello dei treni, per i radar degli aerei in fase di atterraggio e per chi ha fatto i calcoli dei pilastri in cemento armato dell'edificio dove abitiamo.

Ora, malgrado queste ovvie considerazioni, resta il problema di come riconoscere, fin dal primo incontro, chi appartiene all'Ordine e chi al Disordine. Per il primo basterà fare il test del quadro storto. S'invita la persona a casa, la si fa sedere di fronte a un quadro leggermente obliquo e si aspetta. Se i nostri sospetti sono fondati, l'uomo d'Ordine resisterà al massimo cinque minuti, dopo di che si alzerà di scatto e andrà a raddrizzare il quadro. Più complesso, invece, il test per il disordinato. In genere si ha a che fare con un individuo che odia la noia e tutto ciò che è ripetitivo. A questo punto basterà raccontargli per la seconda volta lo stesso aneddoto: se è uomo d'Ordine non dirà nulla per educazione e si sorbirà tutto in silenzio, magari con un falso sorriso sulle labbra. Se invece milita nel Disordine, protesterà immediatamente, prima ancora che il narratore abbia avuto il tempo di terminare la sua storia.

Mentre nei confronti degli uomini d'Ordine e di Disordine si può essere ottimisti, essendoci molti individui degni di rispetto sia nell'uno che nell'altro schieramento, nei riguardi dei manicheisti è bene mantenere un atteggiamento quanto meno prudente. In genere, avere idee chiare sul prossimo non è segno di grande intelligenza. Molto meglio, invece, saper dubitare e sospendere il giudizio in attesa di maggiori conferme.

Il Dubbio, inteso come metodo di vita, è un'arma

troppo preziosa per farne a meno. A sensazione, potremmo dire che è più facile per un individuo razionale, e quindi per un uomo d'Ordine, praticare il Dubbio, ciò nonostante abbiamo visto troppe volte uomini del Disordine cambiare radicalmente opinione nei confronti di un peccatore per escluderli a priori dal club dei dubbiosi. La generosità d'animo, tra l'altro, tipica degli istintivi, favorisce il perdono e con esso il ripensamento.

Manisco, invece, era «tosto»: una volta inseritomi tra i cattivi, non c'era verso che cambiasse opinione.

XIV
Il venditore di maniglie

Osservare uno studio e indovinare il mestiere del titolare potrebbe essere un quiz televisivo. Un ambiente disordinato presupporrebbe la presenza di un artista, l'ordine quella di un burocrate, di un ingegnere o di un collezionista di francobolli. Sarebbe interessante, inoltre, stabilire da che punto in poi il Disordine diventa creatività e da quale altro inaffidabilità. Sapere che lo studio del capo del governo è sommerso di cartacce non mi lascerebbe dormire affatto tranquillo. Come pure resterei stupito se il comico Roberto Benigni avesse una casa dove ogni cosa è al suo posto. Provo a immaginare gli studi di Paul Klee, di Freud e di Einstein, e mi chiedo quale dei tre fosse il più incasinato. A lume di naso direi: primo Paul Klee, secondo Einstein e terzo Freud, sempre in «ordine di disordine» ovviamente.

Immagino, ad esempio, il pittore svizzero che sta per uscire di casa e che si raccomanda alla domestica.

«Greta, per favore: non gettare via mai niente. Anche se vedi un foglio tutto coperto di macchie, lascialo dove l'hai trovato.»

E immagino lei, Greta, che ha dell'Ordine e del Disordine un concetto completamente diverso.

«Pover'uomo,» penserebbe «come padrone non sarebbe affatto male se non avesse questa mania infantile di scarabocchiare. Più maniaci di lui, però, sono quelli che gli comprano i fogli sporchi!»

Recentemente in America hanno scoperto un gene, nascosto nel Dna, primo responsabile del carattere ordinato o disordinato di una persona. A questo punto penso che ognuno di noi, prima di unirsi in matrimonio, farebbe bene a dare una sbirciatina alla scheda genetica del futuro coniuge, a meno che non voglia fare la fine del dottor Enzo Scaramella, uomo disordinato per natura, quando impalmò *Fraulein* Rauscher, donna amante dell'Ordine in modo ossessivo.

Il primo avviso Enzo Scaramella lo ebbe il giorno stesso del matrimonio, quando dimenticò a casa le fedi nuziali. Inge Rauscher lo fulminò con uno sguardo così severo che lui, per qualche secondo, intuì tutti i rimproveri che gli sarebbero piovuti addosso di lì a poco. A rigore, sarebbe stato ancora in tempo a rispondere «no» alla fatidica domanda del prete, ma, per quanto amante dell'imprevisto, gliene mancò il coraggio. *Fraulein* Rauscher poi, diciamo la verità, non è che avesse tutti i torti: come si fa a non ricordarsi delle fedi nuziali il giorno del matrimonio? Pazienza se uno si dimentica il portafoglio o le chiavi di casa; ma le fedi! Andiamo! È come dimenticarsi che ci si deve sposare!

Inge Rauscher, inutile precisarlo, era tedesca, e in quanto appassionata dell'ordine, più tedesca della media dei tedeschi. Il nazismo, nel suo piano di sterminio della razza ebraica, non avrebbe mai raggiunto certi livelli di efficienza se non avesse avuto a disposizione un popolo ordinato e civile. Quando si è disordinati, grazie a Dio, anche le dittature vanno in crisi.

Lui, lo Scaramella, era lì a capo chino, inginocchiato ai piedi dell'altare, e già avvertiva nell'aria, come avvoltoi in attesa di un lauto pranzo, innumerevoli *Verboten*:

«Non lasciare i libri sul letto! Non fumare. Non chiudere la finestra: c'è bisogno d'aria. Non aprire la finestra: entra la polvere. Non far sgocciolare l'ombrello sul parquet. Non gettare il cappotto sul divano! Non lasciare il telecomando in giro! Non posare i giornali sulle poltrone. Ricordati che in salotto abbiamo un apposito cestino per i giornali della settimana. Nossignore, quelli vecchi no, quelli vanno nello sgabuzzino. Poi, una volta al mese li andrai a gettare nel cassonetto. Non in uno qualsiasi, mi raccomando, in quelli della carta. Non appoggiare i bicchieri sui mobili. Usa i sottobicchieri altrimenti si forma l'alone. E chi dovrebbe, poi, secondo te, togliere l'alone? Io, naturalmente, dal momento che tu non alzi un dito per mantenere in ordine la casa. D'altra parte, se tua madre ti ha cresciuto come uno zingaro la colpa non è tua. Dopo, però, non venirti a lamentare se la casa sembra una fogna. A te, lo so, non importa nulla che io dalla mattina alla sera mi ammazzo di fatica per mantenerla presentabile!»

Presentabile a chi, poi, era tutto da capire, dal momento che, proprio per non correre il rischio di sporcarla, lei gli proibiva di invitare gli amici.

«Buoni quelli!» blaterava. «Vorrei proprio vedere se a casa loro si comportano come quando vengono qua. Questa mattina lo sai dove ho trovato una cicca di sigaro? Lo sai dove l'ho trovata?»

Scaramella non lo sapeva, e non avrebbe nemmeno voluto saperlo. Se, però, non rispondeva «dove?», lei avrebbe continuato a chiederglielo per tutta la giornata.

«Nel portasapooone!» esclamava Inge scandalizzata, pronunciando portasapone alla tedesca, e cioè allungando a dismisura l'ultima «o». «E lo sai chi l'ha gettata nel portasapooone? Il tuo Giancarlo, il tuo caro compagno di scuola. Io mi chiedo come fa un uomo di cinquant'anni che fuma il sigaro a non rendersi conto che sta impuzzolentendo una casa.»

«Ma se sei stata tu a chiedergli di andare a fumare nel gabinetto della donna!»

«Sì, ma non di lasciare la cicca nel portasapooone!»

Probabilmente, incolpando la suocera, Inge aveva intuito l'origine delle sue distrazioni. Fin da piccolo, infatti, Scaramella era cresciuto in un ambiente di artisti: suo padre era stato un discreto violinista e sua madre una scultrice non priva di talento. E anche gli amici di famiglia, a pensarci bene, non erano gente del tutto normale. C'era, ad esempio, un certo Cianciripini, di professione acrobata, che si esibiva esclusivamente per lui bambino ogn qualvolta la madre doveva convincerlo a mangiare la pappa. Ora, vivere in una casa dove per sedersi bisogna prima liberare le sedie dai fogli di musica, poteva, magari, anche piacere a un ragazzino, non di certo a una maniaca dell'ordine come Inge Rauscher. Sua madre, poi, lui se la ricordava sempre con la faccia e i vestiti sporchi di gesso, quasi che col tempo volesse diventare anche lei una scultura. Insomma, Enzo Scaramella con i suoi genitori era stato felice. La sua sfortuna, piuttosto, era stata quella di averli persi entrambi quando era ancora un ragazzino. Ragione per cui, una volta entrato in debito di affetto, aveva ceduto al primo individuo di sesso femminile che aveva avuto la sfortuna d'incontrare: per l'appunto Inge.

Lei era venuta in vacanza a Napoli per una sola settimana, e lui l'aveva portata sul Vesuvio e subito dopo a Pompei.

«Noi, in Germania, non abbiamo vulcani!» disse lei con aria di rimprovero, e glielo disse come se avere vulcani a pochi chilometri di distanza fosse un segno di grande trascuratezza.

Tra tutti gli inconvenienti del matrimonio il più drammatico fu quello delle pattine. Le pattine divennero fin dall'inizio il personale assillo di Enzo Scaramella. Supponiamo, ad esempio, che avesse fatto un sogno erotico, e che avesse sognato, che so io, una bionda tutta nuda che gli tendeva le braccia dicendo: «Corri, corri amore mio, corri che non ce la faccio più a resistere!». Ebbene lui, malgrado fosse solo un sogno, non sarebbe riuscito a correre, a causa delle pattine. Ora, per chi non lo sapesse, le pattine erano delle orribili soprascarpe di panno grigio che lui, di anni 49, laureato in Economia e Commercio, aveva l'obbligo di indossare fin da quando metteva piede in casa, e che per nessuna ragione al mondo (compresi incendi, terremoti e alluvioni) avrebbe potuto abbandonare, pena una discussione interminabile con la sua gentile signora. Le pattine, inoltre, comportavano il fastidio di dover strascicare i piedi come il mostro di Frankenstein, cosa che, oltre a renderlo ridicolo, aveva finito col modificare il suo stesso modo di camminare. Ormai, anche quando stava solo per strada, strascicava i piedi e questo gli aveva conferito una strana andatura da robot.

Alleato della signora Inge c'era poi il dottor Salvini, il suo diretto superiore alla Lloyd Security, la società di assicurazioni per la quale prestava servizio da ormai quindici anni.

«Veda, Scaramella,» gli diceva Salvini «l'ordine è alla base del nostro lavoro. Come si fa a decidere se un cliente che sta firmando un contratto è o non è affidabile? Ci si basa sui precedenti storici. E come è possibile conoscere i precedenti storici se non si ha un computer a portata di mano e un archivio sempre aggiornato? Ergo: ordine, ordine, e poi ancora ordine! Questo deve essere il nostro motto.»

Scaramella, invece, aveva tutta un'altra idea di come trattare i clienti: li guardava negli occhi e in un attimo capiva se erano o non erano affidabili. Per lui era solo un fatto d'intuito: aveva notato, per esempio, che più la sua scrivania era in ordine e più l'intuito gli veniva a mancare, quasi che ci fosse un'incompatibilità tra l'ordine e le emozioni. Era come se l'Intuito, dando uno sguardo al suo studio, avesse detto:

«Questo qui lo vedo troppo ordinato: che si arrangi con l'archivio storico.»

Purtroppo, però, i colleghi non erano tutti del suo parere. C'era, ad esempio, uno degli ultimi arrivati, tale Ramazzini, un omino con gli occhiali neri e la faccia tipica del traditore, che non faceva altro che riferire alla dirigenza della Lloyd tutte le sue dimenticanze. A volte aspettava giù per strada l'arrivo del dottor Salvini, per poi spettegolare in ascensore:

«Ieri sera Scaramella è andato dal commendator Girolami, quello dei supermercati, e si è dimenticato il contratto in ufficio. Il commendatore, magari, lo avrebbe anche firmato, ma Scaramella, lei lo sa com'è, ha la testa fra le nuvole. E pensare che glielo avevo tanto raccomandato: "Dottò," gli avevo detto, "non fate come il mese scorso, quando ve lo siete fatto scippare in metropolitana".»

Enzo Scaramella era l'unico uomo al mondo che aveva perso le chiavi della macchina mentre la stava guidando. Ed è sempre Ramazzini a raccontare l'episodio.

«Un giorno stavamo andando in ufficio. Scaramella si era fermato a un semaforo rosso. Mentre aspettava, ha aperto lo sportellino del cruscotto con un mazzetto di chiavi, tra le quali c'era anche quella di accensione. Poi ha chiuso lo sportellino e si è infilato le chiavi in tasca. Ebbene, non ci crederete, la tasca era sfondata e le chiavi gli sono finite Dio solo sa dove, forse nella fodera del cappotto. Quando è tornato il verde non è potuto più ripartire. Dietro di noi c'era una fila di automobilisti incazzati che strombettavano a più non posso, tutti convinti che il guidatore davanti si fosse addormentato. Allora lui è sceso dalla macchina e, dopo aver urlato per due volte "Ho perso le chiavi, ho perso le chiavi!", si è messo a saltellare come un tarantolato per capire dal rumore dove potevano essere andate a finire.»

La verità era che Giuda Ramazzini non vedeva l'ora di soffiare la zona del centro storico al collega Scaramella, e faceva di tutto per metterlo in cattiva luce.

«Un cliente come Girolami,» era solito dire «non lo si può affidare a uno come Scaramella. Prima o poi la concorrenza se ne accorge e ce lo frega.»

E invece, al contrario di quanto pensava Ramazzini, Girolami era diventato cliente della Lloyd Security proprio perché gli piaceva Scaramella e la sua sprovvedutezza.

«Veda,» aveva detto un giorno il commendatore a Scaramella «io con lei mi trovo bene perché non la vedo come uno che mi vuole per forza impallinare. Negli affari, si sa, siamo tutti o lepri o cacciatori. Poi ci sono quelli come lei che, grazie a Dio, si sono dimenticati a casa il fucile.»

La vita di Enzo Scaramella ebbe una svolta il giorno in cui decise di andare in ufficio a piedi. Lui abitava in via Campania e aveva l'ufficio in viale Bruno Buozzi. Scendere a piedi, attraversare tutta Villa Borghese, fermarsi di tanto in tanto a guardare gli alberi, per lui era un piacere, specialmente quando c'era il sole. In genere usciva con una mezz'oretta di anticipo in modo da potersi riposare su una panchina. Aveva preso l'abitudine di portarsi dietro una busta di plastica piena di briciole di pane. Gli piaceva dare da mangiare ai passerotti. Era convinto, tra l'altro, che i passerotti, la mattina, lo stessero aspettando. Il fatto è che lui, fin da piccolo, aveva sempre desiderato un animaletto da allevare in casa, che so io, un cane, un gatto, o anche solo un canarino. Di proporlo a Inge, però, neanche a pensarci. Gli animali, si sa, sporcano, e se non li si ama davvero, sono difficili da sopportare. Comunque, a forza di attraversare Villa Borghese, cominciò a fare delle amicizie. I parchi hanno sempre i loro frequentatori abituali. Quelli di Villa Borghese si dividono sostanzialmente in quattro categorie: gli extracomunitari, i barboni, le puttane e i pensionati. Tra questi ultimi c'era un ex insegnante di filosofia, da tutti chiamato «il professore».

«A parte la salute, l'unica autentica ricchezza dell'uomo è la libertà,» sentenziava il professore «il che in termini pratici vuol dire indipendenza dai bisogni. Diceva Stobeo: "Se vuoi far ricco Pitocle, non accrescerne gli averi, ma sfrondane i desideri".»

Chi poi fosse questo Stobeo non lo sapeva nessuno, né Scaramella, né tantomeno i componenti del gruppo d'ascolto che era costituito essenzialmente da tre barboni: Uru, Gasparino e Adelaide.

Uru era un negro che più negro non si può: era nero come il toner di una fotocopiatrice. Nativo del Senegal, quando si presentava era solito bofonchiare:

«Io bono bono, io Uru Uru.»

Gasparino, invece, era uno spilungone scheletrico, tutto naso e occhiali. Di professione poeta, parlava con le piante e andava in giro a seminare poesie nel cavo degli alberi.

«Un giorno qualcuno le troverà e chiederà all'albero informazioni sul mio conto.»

L'unica rappresentante del gentil sesso era una barbona di nome Adelaide. Gentile si fa per dire, dal momento che Adelaide, chiunque le chiedesse qualcosa, lo mandava subito a quel paese. A dirla tutta, non diceva proprio «quel paese» ma sempre «culo». Questa per lei era la parola chiave di tutti i suoi pensieri: non riusciva mai a chiudere un discorso senza averla pronunziata almeno una volta. Di età incerta (tra i trenta e i cinquanta, più trenta che cinquanta), non sarebbe stata nemmeno troppo male se di tanto in tanto si fosse lavata.

«Se mi lavo,» diceva «la gente subito se ne approfitta e me lo mette in culo.»

Un giorno Scaramella incontrò il professore da

solo. Stava seduto al sole con gli occhi chiusi e aveva ai piedi una valigetta nera. Gli si sedette accanto.

«Salve,» disse il professore senza aprire gli occhi «come va con Ramazzini?»

«Molto meglio, grazie: è almeno un mese che non lo vedo.»

«È morto?»

«No, è a Milano: è andato a fare un corso di aggiornamento.»

«A Milano vanno tutti di fretta. Io per questo me ne sono venuto a Roma.»

«Scusi, non ho capito.»

«Ho detto che a Milano i milanesi vanno tutti di fretta. Una volta ho visto un signore che aspettava di fretta.»

«Come sarebbe a dire?»

«Era alla fermata dell'autobus e aspettava di fretta.»

«E come ha fatto a capire che aspettava di fretta.»

«Perché fremeva: prima guardava l'orologio, poi il fondo della strada per vedere se arrivava l'autobus, poi di nuovo l'orologio.»

«A Roma invece...»

«Sono tutti calmi: hanno capito che anche se si agitano, l'autobus arriverà comunque, non un minuto prima e non un minuto dopo. I milanesi, invece, camminano in linea retta.»

«In che senso?»

«Nel senso che sanno dove vanno.»

«Ma perché: non dovrebbero saperlo?»

«Un vero uomo non cammina mai in linea retta, procede sempre *agoràzein*.»

«Agoraché?»

«*Agoràzein,* a zig zag, un po' a destra e un po' a sinistra.»

«Quindi, senza mai fermarsi?»

«Volendo, si può anche fermare, a patto, però, che resti *agoràzonta*.»

«E che vuol dire?»

«Che resti immobile ma con l'orecchio teso, attento a sentire quello che si dice intorno.»

«Ed è importante?»

«È importantissimo! Perché è così che nasce la risonanza creativa.»

Questa della risonanza creativa era una fissa del professore. Più volte Scaramella l'aveva sentita nominare, ma mai abbastanza per poterla comprendere. Quella mattina, quindi, non gli parve vero che fossero soli, senza nessuno che potesse interrompere, e che poteva farsela spiegare come si deve, una volta per tutte.

«Molti si meravigliano» cominciò a dire il professore «che quasi tutti i greci importanti siano nati in poco più di un centinaio di anni e in una decina di chilometri quadrati. Dal più vecchio che era Eraclito al più giovane che era Epicuro passano meno di due secoli. L'umanità, in genere, non distribuisce i suoi frutti in modo regolare, né nel tempo, né nello spazio. Ha momenti di grande fertilità e altri più sterili. Temo che il prossimo secolo sia uno di questi ultimi.»

«Per la filosofia?»

«Per tutto. Tra il VI e il V secolo in Grecia nacquero decine e decine di geni, filosofi come Socrate, Platone, Antistene, Anassagora, artisti come Fidia, Policleto, Mirone, storici come Erodoto, Tucidide, Senofonte, tragici come Euripide e Sofocle, commediografi come Aristofane, medici come Ippocrate, oratori come...»

«Basta, per carità...»

«No, non basta: momenti analoghi l'umanità li ha conosciuti anche in Italia, quando abbiamo avuto il Rinascimento, in Francia con l'Illuminismo, in Austria all'inizio del secolo...»

«Sì, d'accordo, ma come nasce la "risonanza creativa"?»

«Chiacchierando! Quando due creativi s'incontrano, le idee dell'uno rimbalzano sulla testa dell'altro e tornano indietro amplificate. Poi ripartono di nuovo e tornano indietro ancora più amplificate di prima. In breve tempo i due creativi si moltiplicano e diventano quattro. Tre creativi diventano nove, quattro creativi diventano sedici e così di seguito. Ebbene, tutto ciò è possibile solo se c'è un luogo dove incontrarsi, e quale luogo è più invitante di un'*agorà?* Oggi, invece, abbiamo l'automobile e la televisione: gli uomini escono direttamente dai loro garage e non hanno alcuna voglia d'incontrarsi: preferiscono correre sull'autostrada. Ci sono interi quartieri senza nemmeno uno straccio di *agorà*... sì, insomma, senza nemmeno una piazza.»

«Sì, ma anche viaggiando si cresce.»

«Mai! Socrate, a chi gli proponeva di andare a fare una passeggiata fuori le mura per contemplare la campagna, rispondeva: "A me della campagna e degli alberi non importa un fico secco, giacché non possono insegnarmi assolutamente nulla. L'unico viaggio che ancora mi interessa è quello all'interno dell'animo umano, e, dal momento che qui ad Atene di uomini ce ne sono tanti, non vedo perché dovrei muovermi".»

«Diceva proprio "fico secco"?»

«No, non lo diceva, però il senso era quello.»

Tornato a casa, Scaramella trovò il finimondo. Era accaduto un fatto inaudito: un topo, e sottolineo topo, era stato visto uscire dal bagno della donna di servizio e dirigersi verso lo studio. Con ogni probabilità doveva essere sbucato dalla tazza del gabinetto. Pare, infatti, che ci siano alcuni roditori, particolarmente agili, in grado di risalire i tubi fecali.

Inge Rauscher non riusciva a darsene pace. Considerava l'invasione del topo un'offesa personale: una casa linda come la sua, senza una briciola di pane, né una scagliettina di formaggio, dove tutto era allestito secondo le più rigide regole della tradizione mitteleuropea, aveva conosciuto l'onta del topo! A questo punto non c'era tempo da perdere: l'appartamento andava disinfestato da cima a fondo, in particolare lo studio del marito. Venne chiamata una ditta specializzata, la Zucchet. Come prima cosa gli uomini del Pronto Intervento decisero di stanare il topo. Tutti i mobili dello studio vennero spostati all'ingresso, ivi comprese tre pile di libri che il dottor Scaramella custodiva in un angolo. Erano ricordi del liceo: testi di storia e di filosofia, alcuni romanzi di Salgari, il manoscritto di una sua commedia mai andata in scena e una decina di lettere d'amore firmate Adriana. In casi del genere, disse Inge Rauscher, non bisogna farsi prendere dai sentimentalismi: i ricordi andavano gettati via prima che tutti i topi di Roma si dessero appuntamento in casa sua.

«Inutile conzervare karta sporca!» decretò la signora.

Fu così che libri e manoscritti finirono in un cassonetto dell'immondizia di via Campania. Enzo Scaramella, appena lo seppe, si precipitò in strada e, rovistando a mani nude tra i rifiuti, riuscì a recuperare almeno le lettere d'amore. La signora Inge, però, fu irremovibile: lui, a casa, con quelle *porkerie,* non avrebbe mai messo piede! Inutilmente quelli della Zucchet proposero di ripulire le lettere con uno spray all'acido fenico: né Inge né Enzo accettarono il suggerimento.

Finì che il poverino, pur di non abbandonare le sue *porkerie*, quella notte andò a dormire in albergo.

«E ora le lettere,» chiese il professore «dove le ha messe?»

«Le ho portate in ufficio» rispose Scaramella. «Almeno là stanno al sicuro: non me le tocca nessuno. Soprattutto mia moglie non potrà più metterci sopra le mani.»

«Io credo che lei abbia urgente bisogno di una delle mie maniglie.»

«Maniglie? Quali maniglie?»

Il professore non rispose: aprì la valigetta nera e tirò fuori una maniglia di plastica munita di ventosa.

«La vede questa? È una maniglia che risolve tutti i suoi problemi. È un mio brevetto: si chiama Oneiros. Costa solo cinquemila lire. Grazie alla ventosa, lei l'attacca dove vuole, su una qualsiasi parete, e quando si sente un pochino giù di corda, prova ad aprire.»

«Ad aprire che cosa?»

«Una porta...»

«Non ho capito: quale porta?»

«Una porta immaginaria, se la raffiguri lei come vuole.»

«E si apre?»

«No, mai, però si può provare. Se poi vuol fare le cose ancora meglio, con un pennarello nero, la disegni lei stesso una porta sulla parete.»

«Una porta disegnata...?»
«Sì. E poi provi ad aprirla.»

Enzo Scaramella di porte ne disegnò due: una in ufficio e una a casa. Quella di casa la disegnò dietro un manifesto pubblicitario della Lloyd Security. Quando decideva di fare un tentativo, prima si chiudeva a chiave, poi staccava il manifesto, poi attaccava la Oneiros e poi provava ad aprire. Ovviamente non si apriva mai nulla.

Finché un bel giorno, nello studio, aveva appena finito di litigare con Inge, gli sembrò di sentire la *Quarta* di Mahler. Il terzo movimento per la precisione. Lo stereo era spento, e anche il televisorino della libreria era spento. Da dove provenisse quel suono non lo riusciva a capire. Poi volse lo sguardo verso il manifesto ed ebbe la netta sensazione che dietro la parete ci fosse un violinista. Il cuore cominciò a battergli più forte. Vuoi vedere che era giunto il momento? Si chiuse a chiave, staccò il manifesto dal muro, incollò la maniglia alla parete e provò piano piano ad aprire...

Come previsto, la porta si aprì dolcemente. Al di là della parete c'era un violinista in piedi, con la testa reclinata sullo strumento: era suo padre.

«Finalmente» gli disse il padre, rialzando la testa, «ti sei deciso a venirmi a trovare: sono trent'anni che aspetto.»

«Ma io ti credevo in Paradiso...»

«E con questo? Tu hai sempre pensato che il Paradiso fosse chissà dove, magari in cielo, tra le nuvole, e invece, come vedi, sta qui sulla terra, proprio di fianco al tuo studio. È come dire... adiacente: basta immaginarlo per poterlo vedere. A proposito, è vero che ti sei sposato?»

«Sì, ma non mi va tanto bene. Lei è una donna che ama l'ordine più di ogni altra cosa al mondo. Magari non sarebbe nemmeno cattiva, ma su certe cose non transige... è tedesca... Io, invece, adoro tutto ciò che è approssimativo.»

«Anche qui, in Paradiso, l'ordine è obbligatorio. Noi, però, abbiamo escogitato un trucco per evitarlo: ci salviamo con l'immaginazione.»

«Con l'immaginazione? E che cosa immaginate?»

«Di non essere perfetti, di commettere errori. Che bella cosa è l'errore! Se non altro perché ti mette in crisi e ti suggerisce nuove strade. L'uomo saggio non è colui che non commette errori, ma colui che li sa riconoscere e ne prende atto.»

«Questo, se ricordo bene, lo diceva anche Popper, ma tu, come violinista, hai commesso molti errori?»

«Come violinista mai, ma come padre moltissimi.»

«Quali, ad esempio?»

«Quello di pensare troppo ai concerti e troppo poco ai figli. Soprattutto il contatto con tua sorella mi manca. Temo di averla trascurata. Ero sempre in giro, avevo sempre qualcosa da fare, qualcosa che non mi sembrava rimandabile, mentre invece lo era. Vai mai a trovarla?»

«Francamente no. Da quando il marito è stato trasferito alla Procura di Palermo mi riesce difficile vederla.»

«Per favore, Enzo, fammi un regalo: valla a trovare e dalle un bacio da parte mia.»

«D'accordo. Però voglio anche regalarle una maniglia Oneiros. Chissà che anche lei non riesca ad aprire.»

La seconda apertura avvenne in ufficio, e questa volta non fu lui a uscire, ma una ragazza bellissima ad entrare: una ragazza completamente nuda.

«Adriana, tu qui! E che fai, tutta nuda?»

«Per me è normale stare nuda. Lì dove abito io sono tutti nudi.»

«Vuoi dire che...»

«Sì... è successo dieci anni fa.»

«Ma come?»

«Un incidente d'auto, sull'autostrada.»

«Oddio... quanto mi dispiace...»

«Non ci pensare. Dimmi, piuttosto, tu come stai?»

«Abbastanza bene, anche se oggi ho avuto una giornata difficile.»

«Per la faccenda del topo?»

«Ma come? Sai anche questo?»

«Sappiamo sempre tutto, o quasi tutto. A proposito, hai ritrovato le lettere?»

«Sì, le ho recuperate, un po' sgualcite forse, ma le ho recuperate.»

«Mi sarebbe veramente spiaciuto se le avessi perse.»

«Proprio oggi ne ho riletta una, quella dove mi scrivevi "ti amo" per sedici volte di seguito.»

«Uno per ogni anno che avevo. A sedici anni si scrivono solo sciocchezze.»

«Io non le chiamerei sciocchezze, anzi. Quello, però, che non ho mai capito è perché sparisti all'improvviso, senza nemmeno lasciarmi un saluto. Io piansi tanto che nemmeno te lo puoi immaginare.»

«Te lo ripeto: avevo sedici anni. Mi innamorai di un cadetto della Nunziatella. Poi mio padre si stabilì a Treviso e lì dopo due anni mi sposai.»

«Col cadetto della Nunziatella?»

«No, con un ingegnere. Ebbi due figli. Ma a essere sincera non fui molto felice: lui era un uomo tutto di un pezzo. Sapeva sempre cosa fare. In un certo senso, almeno come carattere, rassomigliava a tua moglie.»

«Conosci mia moglie?»

«Te l'ho detto: noi seguiamo tutti quelli che abbiamo amato da vivi.»

«Pure tuo marito era un maniaco dell'ordine?»

«Non puoi immaginare quanto. Il suo principale difetto era quello di essere metodico.»

«In che senso?»

«Fai conto, per esempio, che una sera gli venisse voglia di fare l'amore con me. Ebbene lui, come prima cosa, spegneva la Tv, poi staccava il telefono perché non suonasse mentre stavamo insieme, poi si spogliava appoggiando i vestiti uno alla volta, e tutti ben piegati, su una sedia, poi indossava il pigiama, poi si toglieva l'orologio, e poi, dieci minuti dopo, mi diceva: "Cara, ti voglio bene".»

«E che cos'è che ti dava fastidio?»

«Che non cambiasse mai l'ordine dei gesti. Quando lo vedevo alzare la cornetta del telefono, già sapevo che dopo dieci minuti esatti mi avrebbe detto: "Cara, ti voglio bene".»

«E invece tu...»

«Io avrei voluto che almeno una volta mi prendesse all'improvviso e mi trascinasse sul letto, magari senza nemmeno togliersi le scarpe.»

«Sì, ma queste cose le fanno solo gli amanti.»

«E io proprio per questo, dopo tre anni, mi feci un amante.»

«Tu, un amante?»

«Sì, un amante, uno che per me era disposto a fare

qualsiasi pazzia. Una volta, solo perché avevamo litigato, restò una notte intera, sotto la pioggia, per strada, sotto la mia finestra. Poi me ne feci un secondo, uno che lavorava nel cinema come stuntman, e poi un altro ancora, e la vita pian pianino cominciò a darmi delle emozioni. Purtroppo, tra le emozioni, ci fu anche quel maledetto incidente automobilistico. Ero con il mio terzo amante quando successe.»

«E i figli?»

Adriana non rispose. Restò muta e proprio in quel momento entrò il dottor Salvini.

Enzo impallidì, si era dimenticato di chiudere a chiave la porta dell'ufficio. Si alzò di scatto e come prima cosa si tolse la giacca per coprire il corpo nudo della ragazza. Salvini, però, non dette alcun segno di meraviglia. Evidentemente lui, Adriana, non la vedeva. Al massimo gli sembrò curioso che Scaramella si togliesse la giacca per appenderla sullo schienale di una sedia.

«Allora, Scaramella, mi stia a sentire: tra poco arriva qui il cavalier Santaniello, quello del pastificio Santaniello. Detto tra noi, è un rompicoglioni tremendo, però non lo si può trascurare. Lui vorrebbe firmare il solito contrattino da quattro soldi: vita, punto e basta. Noi, invece, gli dobbiamo far firmare un globale: vita, incendio, furto e calamità naturali... E si rimetta la giacca, per favore!»

Il giorno dopo Scaramella raccontò tutto al professore: della porta che finalmente si era aperta, del padre violinista, di Adriana nuda e del dottor Salvini che non l'aveva vista.

«Non poteva vederla» lo rassicurò il professore.

«La Oneiros apre solo la porta dei ricordi, e i ricordi sono sempre personali.»

«Lei pensa che tornerà di nuovo?»

«Dipende solo da lei, da quanta voglia ha di rivederla» precisò il professore. «Conosco un tale che apre la porta dei sogni ogni giorno e che incontra tutte le donne che ha amato nella vita.»

«Davvero? Mi piacerebbe molto parlarci. Dove sta?»

«Al Santa Maria della Pietà, il manicomio di Roma.»

Quest'ultima risposta lasciò alquanto interdetto Scaramella: vuoi vedere, pensò, che farò anch'io una fine del genere. Poi si fece coraggio e riprese a parlare.

«A volte penso a come sarebbe stata la mia vita se avessi fatto scelte diverse. Supponiamo, per esempio, che, invece di sposare Inge, mi fossi sposato Adriana. Mi chiedo: oggi sarei più felice? E lei sarebbe morta lo stesso in un incidente automobilistico? E Inge, poverina, che fine avrebbe fatto?»

«Chi può dirlo?» rispose il professore. «La vita è un labirinto con migliaia e migliaia di bivi, uno dietro l'altro, e per ogni bivio ci sono almeno due vite possibili in attesa. L'unica cosa di cui possiamo essere certi è che Adriana l'avrebbe tradito, così come ha tradito il marito.»

«E perché mai? Io non l'avrei tormentata.»

«Perché, da come me l'ha descritta, non era una donna-moglie, ma solo una donna-amante, e in quanto tale una donna votata al Disordine.»

«In che senso: al Disordine?»

«Caro Scaramella, si ricordi di quello che le dico: in ogni matrimonio il coniuge rappresenta l'Ordine e l'amante il Disordine. Ringrazi Dio, quindi, di aver incontrato Inge, altrimenti avrebbe fatto la fine del professor Unrath, quello dell'*Angelo azzurro* che per amore finisce col fare chicchirichì.»

XV
La doccia del Disordine

La storia che sto per raccontare non è affatto strana, anzi, la si potrebbe definire banale. Però è altamente istruttiva, almeno per coloro che, ritenendosi razionali e controllati, pensano in buonafede di non dover temere le insidie del Disordine.

Il professore Giovanni Ranucci, anni cinquantuno, era un uomo che aveva fatto della precisione una regola di vita: usciva di casa per recarsi al liceo Tasso alle 8.10, rientrava alle 13.45 e riusciva alle 15.55 per fare il doposcuola a un ragazzino che abitava nel palazzo di fronte. Dal punto di vista economico sapeva di poter contare solo sul suo stipendio e non voleva avere problemi a fine mese. Un giorno, coadiuvato dalla moglie, stese un preventivo annuo delle spese di casa studiato nei minimi particolari. Basti dire che in base a una statistica degli ultimi dieci anni aveva previsto perfino le malattie stagionali, come l'influenza e il raffreddore. Se poi, nel corso di un anno, per grazia di Dio, non si fosse ammalato nessuno, le somme destinate al medico e alle medicine sarebbero state accantonate in un fondo speciale, denominato «piaceri occasionali», per essere spese l'anno successivo.

La famiglia Ranucci era costituita da tre persone: lui, la signora Teresa e un'unica figlia ventiduenne di nome Maria Concetta, più sbrigativamente chiamata Marika. Certo, non era facile arrivare a fine mese, in tre, e con uno stipendio da professore di liceo: se però allo stipendio si aggiungevano anche i due doposcuola e i quattro corsi per rimandati che regolarmente teneva nei mesi estivi, ce la poteva fare.

Divertimenti? In pratica zero, almeno per quanto riguardava la sua persona. A volerli elencare tutti, dal primo all'ultimo, si faceva presto: la televisione, la passeggiata la domenica mattina per i Fori Imperiali, le quattro sigarette al giorno e una partitella a scopa con l'amico e collega professor De Vita: mille lire a chi arrivava a undici (una posta da lavavetri), e infine tutti i mercoledì sera un film d'autore al Cineclub Tiburtino dove sia lui che l'amico De Vita erano abbonati da oltre dieci anni. Niente automobile e niente vacanze. Solo i bagni a Ostia per Marika, quasi sempre a spese del corteggiatore di turno. Tutto questo lo avrebbe fatto vivere con serenità fino alla vecchiaia se non fosse sopraggiunto il ciclone Deborah. Deborah con l'h finale, per la precisione.

Deborah aveva diciotto anni ed era una femmina partorita direttamente dal Demonio. Per quanto lui fosse uomo d'altri tempi, la ragazzina aveva subito intuito che, volendo, avrebbe potuto fargli perdere la testa. Un giorno che indossava un vestitino alquanto scollato, Ranucci la guardò di sfuggita. Un'occhiata rapida, diciamo pure istantanea, ma non abbastanza perché Deborah non la notasse, e da quel momento ebbe inizio il «gioco» della Lolita con il professore: più lui la trattava con distacco, più lei si divertiva a sedurlo.

L'inevitabile accadde in un caldo pomeriggio di agosto. Deborah si stava facendo la doccia quando sentì squillare il campanello. Doveva essere lui, il professore: era in anticipo di dieci minuti sull'orario previsto, fatto eccezionale per un maniaco della precisione come Ranucci, e anche emblematico per i successivi eventi.

A eccezione di Deborah, in casa non c'era nessuno: erano partiti tutti per le vacanze. Lei corse ad aprire la porta avvolta da un asciugamano, nemmeno troppo grande. Gridò un «si accomodi che vengo subito» e corse di nuovo sotto la doccia, lasciando, però, semiaperta la porta del bagno in modo che lui la potesse vedere grazie allo specchio sopra il lavabo.

Al professore venne subito in mente il quadro di Domenico Morelli, quello delle tentazioni di Sant'Antonio. Anche in quel caso c'era stato un preciso attacco di Satana sotto forma di provocazione sessuale. Da sotto una stuoia erano sbucate all'improvviso due donne nude, bellissime, che con gesti e parole lo tentavano affinché la smettesse di pregare il Signore. Il Santo, però, malgrado si trovasse in una caverna, dove nessuno avrebbe potuto mai né vederlo né biasimarlo, non c'era cascato e aveva continuato a guardare il cielo con aria rapita.

Ranucci, già lo si è capito, non era un assatanato cronico, ma nemmeno poi così indifferente alle lusinghe della carne. Per un po' aveva cercato come il Santo di distogliere lo sguardo, poi le grazie della diciottenne avevano avuto il sopravvento, per cui, da lì a pochi minuti, ce li troviamo tutti e due sotto la doccia: lei nuda e lui vestito.

Ebbene, signori miei, quella doccia cambiò la vita del professor Ranucci e forse anche il suo carattere: addio precisione, addio professionalità, addio Ordine. Tra lui e l'allieva s'instaurò un rapporto ambiguo, a metà tra il romantico e il sensuale, che continuò fino a quando durarono le lezioni private, ovvero fino a quando non tornarono i genitori di lei dalle vacanze; anche perché un posto dove appartarsi Ranucci non lo possedeva e di certo non l'avrebbe mai posseduto. Affittare un *pied-à-terre,* neanche a parlarne. Le sue entrate non gli consentivano detrazioni del genere. E poi lei, Deborah, a quel punto della storia si era già stancata del «maestro»: una volta soddisfatta la curiosità per l'uomo maturo, era tornata ai coetanei di sempre.

Sfortuna volle che con il nuovo anno scolastico la ripetente Deborah Dani finisse giusto nella classe del professor Ranucci, e per di più in prima fila, scollatura compresa, con grande turbamento dell'insegnante e immenso sollazzo di tutta la classe, preventivamente informata dalla stessa interessata.

Lui, poverino, era innamorato: cercava ogni espediente per riprendere i contatti di un tempo. La seguiva a distanza all'uscita di scuola, sempre sperando che lei, dopo un po', seminasse i compagni e lo raggiungesse. Il più delle volte, invece, la vedeva sparire a cavalcioni di una moto di grossa cilindrata guidata da un giovanotto odioso col codino. Un giorno, fattosi coraggio, provò a chiamarla da un telefono pubblico, ma fu costretto a mettere giù la cornetta perché dall'altra parte del filo sentì la voce della madre che continuava a ripetere «pronto, pronto». Deborah poi, se per un verso non voleva riprendere la relazione, per l'altro non voleva nemmeno inimicarselo del tutto, dal momento che era pur sempre il suo professore di latino e greco.

Finalmente un giorno si incontrarono in metropolitana.

«Ciao» disse lui.

«Ciao» rispose lei.

«La settimana scorsa ho provato a telefonarti, ma mi ha sempre risposto tua madre. A proposito, qual è l'ora più giusta per trovarti?»

«Qualsiasi ora sarebbe giusta se solo avessi un telefonino.»

«Un telefonino! E che te ne faresti di un telefonino?»

«Mi servirebbe per le telefonate personali: quelle tue, per esempio. A proposito, tra poco è Natale: perché non me lo regali tu un telefonino?»

«E a casa tua che direbbero? Ti chiederebbero subito chi te lo ha regalato e perché.»

«Di questo non preoccuparti: saprei io come giustificarlo. Direi che me lo sono comprato a rate con i miei risparmi. Per quanto riguarda la bolletta, invece, me la farei pagare da papà. Dice sempre che è in ansia quando vado a ballare il sabato sera. E allora eccolo accontentato: potrebbe chiamarmi sul telefonino e andarsene a dormire tranquillo.»

Nel bilancio di casa Ranucci il cellulare non era previsto, in particolare come regalo di Natale per l'amante diciottenne del capofamiglia. Qualsiasi prelievo sul conto corrente comune sarebbe stato subito notato dalla signora Teresa. Non restava quindi che chiedere un prestito segreto all'amico d'infanzia, il caro professor De Vita. E qui va chiarito un altro aspetto della vicenda.

De Vita e Ranucci si conoscevano da sempre: avevano fatto il liceo e l'università insieme, ed erano stati testimoni di nozze l'uno dell'altro. Oltretutto insegnavano nello stesso liceo: in pratica avevano vissuto due vite pressoché uguali. Avevano entrambi una moglie e una figlia. Nascondere, quindi, un fatto così importante come la sua cotta per Deborah era praticamente impossibile. E fu così che un giorno Ranucci, mentre tornavano insieme dalla scuola, a piedi, si decise a raccontargli tutto, dalla doccia al telefonino, ma, con sua grande meraviglia, si rese conto che l'amico ne era già al corrente.

«E come hai fatto a saperlo?»

«Me lo hanno raccontato a scuola.»

«A scuola? E chi te l'ha detto?»

«La bidella.»

«Oddio, lo sa anche Rachelina!»

«Lo sanno tutti, ed è stata proprio lei, la tua cara Deboruccia a spifferarlo ai quattro venti. Non mi meraviglierei se lo avesse saputo anche il preside.»

Ranucci non fece commenti. D'altra parte che avrebbe potuto dirgli? Un amico, se davvero è un amico, certe cose le deve capire. Ormai la sua passione per Deborah non dipendeva più da lui: era qualcosa che avveniva al di fuori dalla sua volontà. Era così e basta.

Camminarono per un tratto di strada, ognuno immerso nei propri pensieri, poi Ranucci tornò alla carica per il prestito.

«Come faccio con i soldi per il telefonino? Se me li presti tu, io poi te li restituisco un tanto al mese in modo che Teresa non se ne accorga.»

«Ma Giovanni mio, credimi: anche se li avessi non te li presterei. Ritorna in te, per amor di Dio: ricordati che hai una famiglia... che hai una figlia che ha quattro anni più di Deborah. Ma ti rendi conto che questa ragazzina ti sta prendendo in giro?»

«*Vivamus, mea Lesbia, atque amemus*» rispose Ranucci. «*Rumoresque senum severiorum omnes unius aestimemus assis.*»[1]

«D'accordo: le mie prediche valgono meno di un soldo bucato. Però, guarda caso, è proprio di questo soldo bucato che tu adesso mi chiedi. Lesbia sarà stata pure una zoccola, ma che io sappia non ha mai chiesto un telefonino a Catullo.»

Ranucci, comunque, riuscì lo stesso a comprare il telefonino a Deborah, e senza nemmeno l'aiuto di De Vita. Grazie al papà di un allievo che era concessionario della Motorola, ebbe un forte sconto e una dilazione in ventiquattro comode rate. Gli sarebbe bastato rinunziare alle quattro sigarette giornaliere per estinguere il debito.

«È l'unica cosa buona che ti viene da questa Deborah» gli disse De Vita.

«Quale?»

«Quella di esserti tolto il vizio del fumo.»

Poi ci fu lo scandalo della palestra. Dell'episodio esistono molte versioni, ma è chiaro che quando in una scuola accadono certe cose si tende sempre a esagerare. C'è stato perfino chi dice di aver visto Ranucci con i pantaloni abbassati. In realtà credo che ci sia stato solo un bacio, e, oltretutto, molto casto.

[1] «Viviamo, mia Lesbia, e amiamoci, e le prediche dei vecchi brontoloni consideriamole meno d'un soldo bucato.» Catullo, *Poesie*, V.

Di certo il professore aveva chiesto a Deborah un appuntamento e lei gli aveva concesso un incontro in palestra subito dopo la campanella. Qui la ragazza, a detta di alcuni, gli avrebbe chiesto un bacio. A detta di altri, invece, sarebbe stato lui a stringerla tra le braccia, piangendo, non appena la vide. Comunque, quasi subito, da dietro una tenda sbucarono una ventina di ragazzi schiamazzanti che, dopo averli applauditi a lungo, gridarono tutti in coro: «Scherzi a parte, scherzi a parte».

Si trattava, insomma, di una messinscena allestita dalla stessa Deborah ai danni del povero Ranucci, con la complicità di tutta la terza E.

Naturalmente continuare a insegnare in quella scuola, per il professore, divenne impossibile. Il preside, essendo un brav'uomo, evitò di fargli un rapporto scritto. Si rese conto che, qualunque cosa avesse messo nel rapporto, il provvedimento disciplinare più ovvio sarebbe stato il licenziamento in tronco. Nel migliore dei casi una sospensione dall'incarico. Di conseguenza, dopo essersi consultato col professor De Vita, si limitò a consigliare al Ranucci un mese di malattia in attesa che il Provveditorato lo trasferisse a un altro istituto.

«Possibilmente maschile» suggerì De Vita.

XVI

Notarella su Nietzsche, Apollo e Dioniso

Dovendo scegliere un solo aggettivo per Nietzsche, non avrei dubbi: «esagerato» è quello che meglio di tutti ce lo rappresenta. Nietzsche è sempre stato esagerato, qualsiasi cosa abbia fatto, detto o pensato. Ogni sua presa di posizione è sempre stata fuori misura, o, se preferite, «al di là del bene e del male», tanto per citare una delle sue opere più famose. Nel contempo, se al posto di un aggettivo dovessi scegliere un sostantivo, «genio» mi sembrerebbe il più adatto. E fra le innumerevoli intuizioni che gli si possono accreditare, quella che per me resta la più geniale è la dualità esistente tra l'apollineo e il dionisiaco. Secondo una sua famosa teoria, infatti, l'opera d'arte è una scintilla che scocca tra questi due poli contrapposti.

«Dio plasmò l'uomo con la creta e soffiò nelle sue narici un alito di vita», così recita la Genesi. Si dà il fatto però che, all'epoca, già c'erano due diversi tipi di creta, quella apollinea e quella dionisiaca. Lui, il Padreterno, le usò entrambe, a volte eccedendo nell'una, a volte nell'altra. E fu così che nacquero gli esseri umani, alcuni apollinei e altri dionisiaci. Quelli dove la creta di Apollo era in eccesso, in quanto freddi e razionali, erano abituati a valutare di volta in volta i pro e i contro di ogni scelta e poi decidere di conseguenza. Gli altri, invece, quelli con un alto tasso di dionisicità, essendo passionali e impulsivi, se dovevano prendere una decisione si affidavano solo all'istinto e si gettavano a testa bassa nelle imprese più spericolate.

Apollo sull'Olimpo era una figura atipica: come divinità avrebbe dovuto essere un suddito di Zeus, nei fatti, invece, lo sovrastava in tutto e per tutto. Identificato come «il Risplendente», rappresentava l'Intelligenza, la Bellezza e la Perfezione, e quindi in definitiva l'Ordine. Come tutti gli esseri molto razionali non conosceva il significato della parola pietà. Chiunque sull'Olimpo avesse commesso anche la minima scorrettezza nei suoi confronti, o in quelli della sua signora mamma (Latona), o della sua signorina sorella (Artemide), veniva subito punito con inesorabile crudeltà.

Tanto per capirne il carattere, diamo un'occhiata alla sua biografia: aveva solo quattro giorni quando chiese a gran voce arco e frecce per punire il serpente Pitone, reo di aver offeso sua madre. Gli dette la caccia per mare e per terra e l'uccise all'interno dell'Oracolo di Delfi. Pare che il serpente, prima di morire, gli avesse chiesto pietà a mani giunte.[1] Lui, però, non s'intenerì affatto e lo trafisse con mille frec-

[1] Su questo particolare delle mani giunte del serpente, in verità, ho i miei bravi dubbi, d'altronde è così che ce l'hanno sempre raccontata i mitologi.

ce. Più grandicello, fece scorticare vivo il satiro Marsia, colpevole ai suoi occhi di averlo sfidato in una gara di musica e di aver perso, senza che mai un capello o un lembo della tunica gli finisse fuori posto. Anzi, quanto più si accaniva nella vendetta, tanto più riusciva a mantenere un perfetto *aplomb*.

Completamente diverso il carattere di Dioniso, il Dio dell'eccesso. Suo titolo di merito fu l'aver inventato il vino. Avendo notato, infatti, che una delle sue capre, di tanto in tanto, si allontanava dal gregge per poi tornare ubriaca, decise di seguirla e così facendo poté scoprire una pianta, i cui frutti, una volta fermentati, producevano uno strano liquido inebriante.

Dioniso, diciamolo subito, era un pazzo: andava su e giù per il mondo, dall'Egitto alla Grecia, dall'Arabia all'India, su un carro coperto di ghirlande di fiori, trainato da una tigre e una pantera. Il pretesto delle sue scorribande era la diffusione della viticoltura, in realtà non faceva altro che ubriacarsi dalla mattina alla sera. Era seguìto passo passo da un manipolo di invasati, maschi (Satiri) e femmine (Menadi), specializzati in orge, baccanali e altre intemperanze del genere.

Un giorno alcuni pirati, ignorando la sua natura divina, lo sequestrarono con l'intenzione di rivenderlo come schiavo al primo scalo. Non l'avessero mai fatto: Dioniso trasformò gli alberi della nave in gigantesche viti, il sartiame in edera, i remi in serpenti e se stesso in leone. Presi dal terrore, i pirati si gettarono in mare e vennero immediatamente tramutati in delfini.

Apollo-Dioniso: un'antinomia che fa pensare. Il primo, saggio e distaccato, il secondo amante dello scontro fisico. Apollo, se uccide, proprio per non venire in contatto con le vittime, usa l'arco e le frecce. Dioniso, invece, le dilania con le proprie mani e a volte, non soddisfatto, le divora. Ecco come Giorgio Colli, grande studioso di grecità, ce lo descrive:

> Dioniso è il Dio della contraddizione, di tutte le contraddizioni. Lo dimostrano i suoi miti e i suoi culti. Dioniso è l'impossibile, l'assurdo che si dimostra vero con la presenza. Dioniso è vita e morte, gioia e dolore, estasi e spasimo, benevolenza e crudeltà, cacciatore e preda, toro e agnello, maschio e femmina, giuoco e violenza, desiderio e distacco... Dioniso è un Dio che muore.

Mentre Apollo prefigurava l'odierno manager, Dioniso anticipava «il figlio dei fiori». Sotto il profilo dell'estetica Apollo era per i contorni netti, Dioniso per quelli sfumati. Apollo per le arti plastiche e figurative, come pittura e scultura, Dioniso per la musica. Apollo per chi cammina e parla, Dioniso per l'uomo che danza. All'ottimismo apollineo fa da contraltare il pessimismo dionisiaco. Sileno, educatore di Dioniso, alla domanda fattagli da Re Mida su quale potrebbe essere, per un re, il massimo dei privilegi, cinicamente risponde: «Quello di non essere mai nato, e dal momento che ciò non è più possibile, quello di morire al più presto».[2]

[2] Cicerone, *Tusculanae disputationes*, I 48.

Semplificando all'estremo, Nietzsche nasce apollineo e muore dionisiaco. La sua vita può essere divisa in tre periodi:

- dal 1844 al 1869, la gioventù;
- dal 1869 al 1889, il professorato;
- dal 1889 al 1900, la follia.

Il primo periodo è contrassegnato dall'Ordine. Friedrich perde il padre, pastore protestante, quando ha appena quattro anni e resta sotto il dominio della madre. La signora Franziska Oehler, anche lei figlia di un pastore luterano, è una donna dal temperamento energico. A volte le basta una semplice occhiata per mettere i figli in riga. Dalla schiavitù materna Friedrich passa direttamente a quella del ginnasio-liceo di Pforta, una scuola paramilitare dove si veniva svegliati alle cinque del mattino e si studiava ininterrottamente fino alle nove di sera, salvo un'ora d'aria e una per i pasti: in pratica era una caserma, per non dire una prigione.

A volte mi chiedo se il carattere ribelle di Nietzsche non si sia formato proprio in quei primi venti anni di «detenzione scolastica».

La madre avrebbe voluto fare di lui un pastore di anime, in linea con le tradizioni di famiglia, ma il ragazzo si sente più attratto dalla musica, dalla poesia e dallo studio dei classici. Ama Beethoven, Mozart e Schubert, odia Berlioz e Liszt. Scopre Schopenhauer e lo elegge a guida spirituale. Stravede per Sallustio e Omero. Adora Byron e alcune sue «esagerazioni», ma non ha alcuna stima per altri poeti romantici. Donne neanche a parlarne: la sorella di un suo compagno di classe lo intriga un po', però il massimo che riesce a combinare è dedicarle una composizione musicale.

Che sia un tipo strano non ci sono dubbi: è asociale, quasi razzista, non fa comunella con i compagni di scuola e compie atti pazzeschi, come, ad esempio, quello di mettere una mano sul fuoco, alla Muzio Scevola, e lasciarla bruciacchiare per qualche secondo pur di dimostrare, più a se stesso che agli altri, la sua totale indifferenza al dolore. Odia la matematica, ama il latino e il greco, e ha idee bizzarre in materia di religione. Sostiene, ad esempio, che la terza persona della Trinità non è lo Spirito Santo ma il Diavolo, come se Dio avesse in sé, per il trentatré per cento, una componente satanica.

Il 10 gennaio del 1869, a poco più di ventiquattro anni, pur non essendosi ancora laureato, gli viene assegnata la cattedra di letteratura greca all'Università di Basilea. Inizia così il secondo periodo, quello del professorato. L'ambiente svizzero lo accoglie con benevolenza, e anche con un pizzico di curiosità: un professorino giovane, eccentrico, con i baffoni a manubrio, non può non incuriosire una città provinciale come Basilea. Frizt poi, quando esce, indossa sempre uno strambo cappello grigio a cilindro, mai visto prima d'allora. La verità è che al filosofo piacerebbe essere molto elegante, ma il suo modesto stipendio non sempre glielo permette. Rispetto al periodo scolastico è molto migliorato in fatto di socialità: frequenta il «Circolo del martedì» dove addirittura si esibisce con suonate di pianoforte, balli e canti.

In Svizzera nascono le sue prime amicizie: diventa amico di Richard Wagner, della sua compagna Cosima, dello storico Jacob Burckhardt e del teologo Franz Overbeck. Strano il rapporto con Cosima Wagner, figlia di Liszt ed ex moglie del direttore d'orchestra Hans von Bülow, la quale prova per il giovane Frizt sentimenti contrastanti, a volte di autentica amicizia, e a volte di fastidio: ragione per cui i rapporti tra Nietzsche e i coniugi Wagner registrano continui alti e bassi.

In questo secondo periodo Nietzsche pubblicherà molte delle sue opere più importanti: nel 1872 *La nascita della tragedia,* nel 1878 *Umano, troppo umano,* nel 1882 *La gaia scienza,* tra il 1883 e il 1885 *Così parlò Zarathustra,* e nel 1886 *Al di là del bene e del male.* E, a proposito di *Umano, troppo umano,* riceverà i complimenti dell'editore per aver venduto in soli tre mesi ben duecento copie, la metà della tiratura: un vero bestseller per quei tempi.

Sul piano filologico, invece, desta scandalo la sua presa di posizione nei confronti di Socrate e di Cristo. Mentre apprezza il pensiero dei primi presocratici (Talete, Eraclito, Empedocle e Pitagora), accusa Socrate di aver esagerato l'importanza dell'«io», anticipando così i «guasti» prodotti dal Cristianesimo. Arriva a dire che gli ateniesi fecero benissimo a fargli bere la cicuta.

Nel frattempo, però, le sue condizioni di salute diventano preoccupanti. Nietzsche soffre di continue emicranie, ha dolori allo stomaco e corre il rischio di diventare cieco. Non può leggere per più di un'ora di seguito e, sia per scrivere che per studiare, ha sempre bisogno di avere accanto qualcuno che lo aiuti. Proprio per motivi di salute, nel 1879 dà le dimissioni da professore universitario.

A questo punto diventa il filosofo errante: comincia a viaggiare su e giù per l'Italia e vive un'esperienza molto significativa: la frequentazione con Lou Salomè e con Paul Rée. Non a caso definisco «frequentazione» questo rapporto, poiché ignoro fino a che punto fosse davvero un'amicizia. Lou Salomè è una splendida ragazza ventunenne di origine russa. Ha una forte passione per gli studi classici e per la filosofia in particolare. Paul Rée è un giovanotto di bell'aspetto con i medesimi interessi. Nietzsche li incontra a Roma, in San Pietro, e dopo dieci minuti ha già perso la testa per lei: la vorrebbe adottare come discepola, predestinandola, addirittura, come erede del suo pensiero. Nel frattempo la chiede in sposa, ma la ragazza rifiuta, così come rifiuta un'analoga proposta di Paul Rée. A questo punto tra i due uomini nasce una vera e propria gara d'amore, dove la posta in gioco sono i begli occhi di Lou Salomè. Entrambi, pur di non perderla, decidono di provare a vivere un *ménage à trois.* La casa ideata da Lou Salomè consiste in una stanza centrale ricolma di fiori e di libri, e tre camere da letto laterali dove, volendo, poter dormire da soli, salvo invece scegliersi, come compagni per la notte, uno degli altri due partner a disposizione. Il tutto finisce sei mesi dopo.

Il terzo periodo inizia il 3 gennaio del 1889. Siamo a Torino. Il quarantacinquenne Nietzsche vede un vetturino infierire sadicamente su un vecchio ronzino e si mette a piangere. Subito dopo bacia il cavallo sulla bocca e cade a terra svenuto. L'amico Overbeck, dopo essersi consultato con uno psichiatra, lo fa internare in una clinica di Basilea. Qui Nietzsche continua a scrivere, ma si tratta solo di note frammentarie e lettere destinate agli amici più cari, come Cosima Wagner, Burckhardt, Overbeck, e di messaggi firmati con i nomi più strampalati: Dioniso, Fromentin, l'Anticristo, il Crocefisso e via dicendo.

Dopo qualche giorno la madre, per averlo più vicino, lo fa trasferire a Jena, ma le sue condizioni peggiorano di giorno in giorno. Il *Krankenjournal*, la cartella clinica dell'ospedale, parla chiaro: «L'ammalato compie gesti allucinanti: beve la propria urina, si cosparge il corpo con i propri escrementi, prende a calci un altro malato, rompe i vetri delle finestre, afferma di aver fatto l'amore durante la notte con ventiquattro puttane, soffre di mania di persecuzione, sostiene di essere stato avvelenato dal personale clinico, vede dovunque fucili puntati contro la sua persona, scambia il proprio infermiere per il maresciallo Bismarck».

Muore il 25 agosto del 1900.

Nietzsche non è riassumibile, dal momento che ha affermato tutto e il contrario di tutto. Per farsene un'idea più precisa bisognerebbe leggerlo. Io, qui di seguito, mi limito a segnalare alcune delle sue frasi, a mio modo di vedere, più significative:

O risplendente Sole, cosa mai saresti tu, se non ci fossi io, quaggiù, su cui risplendere?

(*Così parlò Zarathustra*)

L'uomo è una corda tesa sull'abisso, tra la bestia e il Superuomo.

(*Ibidem*)

Io amo anche gli uomini che cadono, se non altro perché sono quelli che attraversano.

(*Ibidem*)

Io sono colui che vive per conoscere.

(*Ibidem*)

Bisogna avere in sé il caos per partorire una stella che danzi.

(*Ibidem*)

Sono tre le metamorfosi dello spirito: quella dello spirito che diventa cammello, quella del cammello che diventa leone, e quella del leone che diventa fanciullo.

(*Ibidem*)

Cosa abbiamo in comune con un bocciuolo di rosa che trema allorché viene colpito da una goccia di rugiada?

(*Ibidem*)

C'è sempre un grano di pazzia nell'amore, così come c'è sempre un grano di logica nella follia.

(*Ibidem*)

Potrei credere a un Dio solo se sapesse danzare.

(*Ibidem*)

Da quando ho imparato a camminare mi piace correre.

(*Ibidem*)

A volte, quando salgo le scale, salto qualche gradino, e i gradini saltati, questo, non me lo perdonano.

(*Ibidem*)

Se vi sentite brutti, avvolgetevi nel sublime.

(*Ibidem*)

La ribellione è la nobiltà dello schiavo.

(*Ibidem*)

Ogni isolarsi è una colpa.

(*Ibidem*)

Meglio finire nelle mani di un assassino che nei sogni di una donna in calore.

(*Ibidem*)

A volte gli uomini nel sesso si comportano come bestie; queste ultime, però, hanno almeno l'alibi dell'innocenza.

(*Ibidem*)

Dice l'eremita: uno per uno fa sempre uno, però poi, alla lunga, finisce col fare due.

(*Ibidem*)

L'uomo deve essere educato alla guerra, la donna allo svago del guerriero.

(*Ibidem*)

La felicità dell'uomo è nella frase «io voglio». La felicità della donna nella frase «egli vuole».

(*Ibidem*)

Tutto quello che è profondo ama mascherarsi: le cose più profonde odiano l'immagine.

(*Al di là del bene e del male*)

Io e Me siamo sempre occupati a parlarci. A volte, poi, arriva un amico e diventiamo tre. Il terzo, l'amico, è un sughero che ci impedisce di andare a fondo.

(*Così parlò Zarathustra*)

In alcuni invecchia per primo il cuore, in altri lo spirito, e molti sono vecchi già dalla giovinezza.

(*Ibidem*)

Il mio spirito non vuole più camminare con scarpe consunte.

(*Ibidem*)

Più di tutti viene odiato colui che vola.

(*Ibidem*)

La vita è fatta di rarissimi momenti di grande intensità e di innumerevoli intervalli. La maggior parte degli uomini, però, non conoscendo i momenti magici, finisce col vivere solo gli intervalli.

(*Umano, troppo umano*)

Io amo l'ombra così come amo la luce. Ambedue sono necessarie perché un volto possa essere bello. Ombra e luce quindi non sono nemiche, ma si tengono amorosamente per mano, e quando scompare l'una scompare anche l'altra.

(*Ibidem*)

Forse la femminilità è il fascino più forte che esiste nella vita. Ha per vestito un velo ricamato d'oro, un velo d'infinite possibilità: promette, pudicamente resiste, si impietosisce, irride e seduce. La vita è una donna!

(*La gaia scienza*)

Il pessimismo non è un problema, ma un sintomo. Il chiedersi se sia meglio l'essere o il non essere è già un segno di decadenza.

(*Volontà di potenza*)

Io sono contrario al socialismo perché, sognando una società buona e onesta, si dimostra troppo ingenuo, e al giornalismo e al parlamentarismo perché sono i mezzi con cui la bestia di armento prende il potere.

(*Ibidem*)

Il progresso, forse, vuole l'opposto di quello che vuole la cultura.

(*Ibidem*)

Wagner non fu che una mia malattia.

(*Crepuscolo degli idoli*)

Mio padre morì a trentasei anni. Era dolce, amabile e premuroso. Era in pratica destinato a scomparire.

(*Ecce homo*)

Temo che un giorno io possa essere considerato un Santo. Ebbene, perché si sappia, non voglio essere chiamato Santo. Preferisco che mi si creda un pagliaccio. Anzi: sono un pagliaccio.

(*Ibidem*)

Appendice

Il gioco dell'Ordine e del Disordine

Premesso che ogni essere umano ha dentro di sé sia l'Ordine che il Disordine, ecco un gioco dove poter verificare le proprie idee sull'argomento: collocare in due liste immaginarie, quella dell'Ordine e quella del Disordine, un centinaio di nomi di personaggi del presente e del passato, e poi verificare nelle pagine successive se le vostre attribuzioni coincidono con le mie. Per fare tutto ciò nel minor tempo possibile, basta sottolineare alcuni nomi con un pennarello nero (il colore dell'Ordine) e altri con un pennarello rosso (il colore del Disordine).

È un giochino, lo confesso, che non trovo affatto semplice: ci sono nomi che non si sa proprio dove collocare. Umberto Eco, tanto per dirne uno, appartiene più all'Ordine o al Disordine? Probabilmente, quando militava nelle avanguardie letterarie e politiche era ancora un disordinato, poi però, a forza di scrivere ogni settimana *La bustina di Minerva* sull'«Espresso», è passato dal Disordine all'Ordine senza nemmeno accorgersene. A volte basta avere una scadenza fissa per cambiare carattere. È del tutto inutile, quindi, scandalizzarsi se un personaggio lo troviamo inserito in una lista piuttosto che in un'altra. Si pensi, per esempio, a Federico Fellini: era un misto di professionalità e di estro, di Ordine e di Disordine. Potremmo inserirlo nell'una o nell'altra categoria a seconda del film considerato. *Prova d'Orchestra* è un inno all'Ordine e *La voce della Luna* al Disordine. E Indro Montanelli? A leggerlo sembrerebbe un disordinatore di professione: sempre a mugugnare, sempre a prendersela con qualcuno. Poi però, quando si tratta di scendere sul pratico, ci consiglia di turarci il naso e di andare a votare per l'Ordine. Vallo a capire.

Sia chiaro: ognuna di queste valutazioni è opinabile, né io pretendo di aver sempre centrato i personaggi. Quanto al lettore, deve soprattutto evitare l'errore di sistemare tutti i simpatici da una parte e tutti gli antipatici dall'altra. Sarebbe come fare una scelta di campo, il che non è né saggio, né utile, dal momento che si tratta di due qualità entrambe indispensabili: il Disordine per partorire un sogno, l'Ordine per farlo diventare realtà. Al massimo, se proprio una persona sente il bisogno di schierarsi, provi a includere in una delle due liste anche il suo nome.

Achille – Gianni Agnelli – Sant'Agostino – Barbara Alberti – Alcesti – Alcibiade – Alessandro Magno – Dante Alighieri – Woody Allen – Giulio Andreotti – Piero Angela – Antistene – Apollo – Mario Appignani – Ludovico Ariosto – Aristide – Aristotele – Arlecchino – Louis Armstrong – Atena – Attila – Augusto – Johann Sebastian Bach – Bacone – Michail Bakunin – Gino Bartali – Pippo Baudo – i Beatles – Ludwig van Beethoven – Carmelo Bene – Roberto Benigni – Silvio Berlusconi – Enzo Biagi – Giovanni Boccaccio – Mike Bongiorno – Achille Bonito Oliva – Hieronymus Bosch – Umberto Bossi – Giordano Bruno – Luís Buñuel – Aldo Busi – Lord Byron – Pierre Cambronne – Don Camillo – Caravaggio – Raffaella Carrà – Cartesio – Catilina – Camillo Benso conte di Cavour – Adriano Celentano – Giulio Cesare – Piero Chiambretti – Walter Chiari – Agatha Christie – Winston Churchill – Cicerone – Cola di Rienzo – Cristoforo Colombo – Nicola Copernico – Fausto Coppi – Maurizio Costanzo – Benedetto Croce – Enrico Cuccia – Roberto D'Agostino – Gabriele D'Annunzio – Luciano De Crescenzo – Eduardo De Filippo – Alcide De Gasperi – il Diavolo – Dio – Diogene – Dioniso – Antonio Di Pietro – Umberto Eco – Elena di Troia – Empedocle – Epicuro – Epitteto – Eraclito – Erode – Erostrato – Emilio Fede – Federico Fellini – Fetonte – Ennio Flaiano – Dario Fo – Carla Fracci – Sigmund Freud – Giuseppe Garibaldi – Giovanni Gentile – Artemisia Gentileschi – Gesù – Enrico Ghezzi – Giovanni Giolitti – Giotto – Beppe Grillo – Che Guevara – Margherita Hack – G.W.F. Hegel –

Ernest Hemingway – Alfred Hitchcock – Adolf Hitler – Mr. Hyde – Ippocrate – Enzo Jannacci – Dr. Jekyll – Franz Kafka – Sören Kierkegaard – Ugo La Malfa – Sofia Loren – Niccolò Machiavelli – Alessandro Manzoni – Diego Armando Maradona – Jean-Paul Marat – Filippo Tommaso Marinetti – Masaccio – Masaniello – Medea – Marilyn Monroe – Indro Montanelli – W.A. Mozart – Gioacchino Murat – Benito Mussolini – Gianna Nannini – Napoleone – Nerone – Nestore – Marco Pannella – Paperino – Pier Paolo Pasolini – Luciano Pavarotti – Penelope – Peppone – San Pietro – Pinturicchio – Pitagora – Irene Pivetti – Michel Platini – Platone – Karl Popper – Moana Pozzi – Jackson Pollock – Elvis Presley – Procuste – Prometeo – Pulcinella – Ronald Reagan – Totò Riina – Arthur Rimbaud – Marina Ripa di Meana – Gianni Rivera – Robespierre – i Rolling Stones – Vasco Rossi – Jean-Jacques Rousseau – Carlo Rubbia – Bertrand Russell – marchese di Sade – Lou Salomè – Eugenio Scalfari – Oscar Luigi Scalfaro – Michele Serra – Vittorio Sgarbi – San Simeone – Frank Sinatra – Socrate – Solone – Alberto Sordi – Renato Squillante – Stalin – Igor Stravinskij – Franco Tatò – Tersite – San Tommaso d'Aquino – Topolino – Totò – Ulisse – Van Gogh – Bruno Vespa – Luchino Visconti – Voltaire – John Wayne – Oscar Wilde – papa Wojtyla – Franco Zeffirelli – Federico Zeri – Zeus.

Ordine	*Disordine*
Gianni Agnelli	Marco Pannella
S. Agostino dopo le *Confessioni*	S. Agostino (prima)
Alcesti	Tersite
Alessandro Magno	Ulisse
Dante Alighieri	Gabriele D'Annunzio
Giulio Andreotti	Carmelo Bene
Piero Angela	Attila
Apollo	Dioniso
Ludovico Ariosto	Franz Kafka
Aristide	Fetonte
Aristotele	Diogene
Atena	Eraclito
Augusto	Nerone
Johann Sebastian Bach	Che Guevara
Bacone	Van Gogh
Pippo Baudo	Enrico Ghezzi
i Beatles	i Rolling Stones
Ludwig van Beethoven	Louis Armstrong
Silvio Berlusconi	Alcibiade
Enzo Biagi	Gianna Nannini
Mike Bongiorno	Piero Chiambretti
Raffaella Carrà	Barbara Alberti
Cartesio	Hieronymus Bosch
Cavour	Giuseppe Garibaldi
Giulio Cesare	Michail Bakunin
Agatha Christie	Ernest Hemingway
Winston Churchill	Lord Byron
Cicerone	Catilina
Fausto Coppi	Gino Bartali
Maurizio Costanzo	Vasco Rossi
Benedetto Croce	Socrate
Enrico Cuccia	Artemisia Gentileschi
Eduardo De Filippo	Totò
Alcide De Gasperi	Caravaggio
Dio	il Diavolo

Antonio Di Pietro
Umberto Eco
Epicuro
Epitteto
Erode
Emilio Fede
Ennio Flaiano
Carla Fracci
Giovanni Gentile
Giovanni Giolitti
Giotto
Margherita Hack
G.W.F. Hegel
Alfred Hitchcock
Hitler
Ippocrate
Dottor Jekyll
Ugo La Malfa
Sofia Loren
Niccolò Machiavelli
Alessandro Manzoni
Indro Montanelli
W.A. Mozart
Mussolini (dopo il '22)
Napoleone
Nestore
Luciano Pavarotti
Penelope
Peppone
San Pietro
Pitagora
Irene Pivetti
Michel Platini
Platone
Karl Popper
Procuste
Ronald Reagan

Elvis Presley
Pierre Cambronne
Erostrato
S. Simeone lo stilita
Roberto Benigni
Adriano Celentano
Aldo Busi
Moana Pozzi
Roberto D'Agostino
Filippo Tommaso Marinetti
Marchese di Sade
Federico Zeri
Sören Kiekegaard
Pier Paolo Pasolini
Masaniello
Arthur Rimbaud
Mister Hyde
Giordano Bruno
Marilyn Monroe
Nicola Copernico
Giovanni Boccaccio
Michele Serra
Igor Stravinskij
Mussolini (fino al '22)
Cristoforo Colombo
Elena di Troia
Enzo Jannacci
Achille
Don Camillo
Jackson Pollock
Empedocle
Gesù
Vittorio Sgarbi
Antistene
Lou Salomè
Arlecchino
Woody Allen

Totò Riina
Gianni Rivera
Robespierre
Carlo Rubbia
Bertrand Russell
Eugenio Scalfari
Oscar Luigi Scalfaro
Frank Sinatra
Solone
Alberto Sordi
Renato Squillante
Stalin
Franco Tatò
San Tommaso d'Aquino
Topolino
Bruno Vespa
Luchino Visconti
Voltaire
John Wayne
Papa Wojtyla
Franco Zeffirelli
Zeus
Luciano De Crescenzo
Medea
Diego Armando Maradona
Marat
Pinturicchio
Marina Ripa di Meana
Federico Fellini
Achille Bonito Oliva
Luís Buñuel
Appignani (Cavallo Pazzo)
Walter Chiari
Beppe Grillo
Prometeo
Dario Fo
Cola di Rienzo
Paperino
Sigmund Freud
Pulcinella
Jean-Jacques Rousseau
Oscar Wilde
Umberto Bossi
Gioacchino Murat
Masaccio

I MITI

John Grisham, *Il Socio*
G. García Márquez, *Dell'amore e di altri demoni*
Kuki Gallmann, *Sognavo l'Africa*
Erich Fromm, *L'arte di amare*
Ken Follett, *I pilastri della terra*
Wilbur Smith, *Sulla rotta degli squali*
Rosamunde Pilcher, *Settembre*
Leo Buscaglia, *Vivere, amare, capirsi*
Dominique Lapierre, *La città della gioia*
Thomas Harris, *Il silenzio degli innocenti*
Peter Høeg, *Il senso di Smilla per la neve*
Italo Calvino, *Il barone rampante*
Danielle Steel, *Star*
Stefano Benni, *Bar Sport*
Luciano De Crescenzo, *Storia della filosofia greca*
Giovanni Paolo II, *Varcare la soglia della speranza*
Patricia Cornwell, *Postmortem*
Sveva Casati Modignani, *Il Cigno Nero*
Jack Kerouac, *Sulla strada*
Hermann Hesse, *Narciso e Boccadoro*
Terry Brooks, *La Spada di Shannara*
Alberto Bevilacqua, *I sensi incantati*
Andrea De Carlo, *Due di due*
Scott Turow, *Presunto innocente*
Marcello D'Orta, *Io speriamo che me la cavo*
G. García Márquez, *Cent'anni di solitudine*
Giorgio Forattini, *Andreácula*

George Orwell, *La fattoria degli animali*
Marco Lombardo Radice, Lidia Ravera, *Porci con le ali*
Erich Fromm, *Avere o essere?*
Ernest Hemingway, *Il vecchio e il mare*
John Grisham, *L'uomo della pioggia*
Hermann Hesse, *Il lupo della steppa*
P.D. James, *Sangue innocente*
Sidney Sheldon, *Padrona del gioco*
Stephen King, *Il gioco di Gerald*
Ezio Greggio, *Presto che è tardi*
Enrico Brizzi, *Jack Frusciante è uscito dal gruppo*
Kuki Gallmann, *Notti africane*
Patricia Cornwell, *Insolito e crudele*
Barbara Taylor Bradford, *La voce del cuore*
Francis Scott Fitzgerald, *Il grande Gatsby*
Ken Follett, *Un luogo chiamato libertà*
Stefano Zecchi, *Estasi*
Sebastiano Vassalli, *La chimera*
Dean Koontz, *Il fiume nero dell'anima*
Alberto Bevilacqua, *L'Eros*
Luciano De Crescenzo, *Il dubbio*
John le Carré, *La passione del suo tempo*
Robert James Waller, *I ponti di Madison County*
Rosamunde Pilcher, *I cercatori di conchiglie*
Aldo Busi, *Seminario sulla gioventù*
Susanna Tamaro, *Va' dove ti porta il cuore*
Stephen King, *Misery*
G. García Márquez, *Cronaca di una morte annunciata*
Patricia Cornwell, *La fabbrica dei corpi*
Luciano De Crescenzo, *Panta rei*
David B. Ford, *Il potere assoluto*
Robert Harris, *Enigma*
Frederick Forsyth, *Il giorno dello sciacallo*
Topolino & Paperino, 40 anni di grandi storie Disney

John Grisham, *La Giuria*
Willy Pasini, *Intimità*
Sveva Casati Modignani, *Disperatamente Giulia*
John le Carré, *La spia che venne dal freddo*
Anthony De Mello, *Chiamati all'amore*
Il diario di Anna Frank
Patricia Cornwell, *Oggetti di reato*
Margaret Mitchell, *Via col vento*
Andrea De Carlo, *Treno di panna*
Tiziano Sclavi, *Dylan Dog*
Luciano De Crescenzo, *Ordine e Disordine*
Frederick Forsyth, *Icona*
Paolo Maurensig, *Canone inverso*

I MITI

POESIA

Montale, *41 poesie*
Hikmet, *34 poesie d'amore*
Bukowski, *23 poesie*
Saffo
Emily Dickinson, *51 poesie*
Ungaretti, *37 poesie*
Hesse, *52 poesie*
Machado, *26 poesie*
Kavafis, *53 poesie*
Leopardi, *17 poesie*
Whitman, *O Capitano! Mio Capitano! – 19 poesie*
Majakovskij, *18 canti di libertà*
E.L. Masters, *Spoon River – 56 poesie*
Quasimodo, *53 poesie*
Saba, *39 poesie*
Borges, *46 poesie*
Kerouac, *San Francisco Blues – 71 poesie*
Neruda, *Città, città di fuoco, resisti – 24 poesie*
Lirici greci
Bellezza, *40 poesie*
Rimbaud, *La stella piange – poesie e prose liriche*
D'Annunzio, *27 poesie*
Pessoa, *L'enigma e le maschere – 44 poesie*
Achmatova, *47 poesie*
Bevilacqua, *Poesie d'amore*
Hemingway, *43 poesie*
Pavese, *Poesie del disamore*

Caproni, *44 poesie*
Neruda, *Poesie d'amore*
Dylan Thomas, *26 poesie*
Beat Generation, *67 poesie*
Hikmet, *Altre poesie d'amore*
Orazio, *Carpe diem*
Luzi, *57 poesie*
Lucrezio, *51 frammenti*
Yeats, *33 poesie*
Bertolucci, *36 poesie*
Pasolini, *20 poesie*
Baudelaire, *39 poesie*
Dickinson, *48 poesie*
49 canti degli Indiani d'America
Eluard, *44 poesie*
E. Brontë, *35 poesie*

Luciano De Crescenzo
ORDINE E DISORDINE

Al fine di offrire un servizio sempre più accurato ai nostri lettori, La preghiamo di compilare questo breve questionario. La ringraziamo anticipatamente per la Sua disponibilità.

Quanti libri acquista in un anno?

❑ meno di 5 ❑ da 6 a 10 ❑ da 11 a 20

❑ da 21 a 50 ❑ più di 50

La maggior parte di questi libri ha un prezzo:

❑ inferiore a 20.000 lire ❑ superiore a 20.000 lire

Dove ha acquistato il volume?

❑ libreria ❑ grande magazzino ❑ edicola

Ha acquistato altri titoli della collana "I Miti"? ❑ sì ❑ no

Se sì, quanti? ________

Quando legge di solito?

❑ alla sera ❑ nei tragitti casa-lavoro

❑ nei week-end ❑ durante le vacanze

Che genere di lettura preferisce? (barrare al massimo 2 caselle)

❑ letteratura contemporanea ❑ romanzi rosa

❑ saggi tecnico-scientifici ❑ saggi d'attualità

❑ classici ❑ gialli/fantascienza/spionaggio

❑ umoristici/fumetti ❑ manuali/libri d'arte ❑ altro

Che cosa la induce alla lettura di un libro?
(barrare al massimo 2 caselle)

❑ la pubblicità ❑ una recensione favorevole

❑ il consiglio di un amico ❑ la copertina

❑ il nome dell'autore ❑ il consiglio di un libraio

❑ sapere che ha vinto un premio letterario

❑ il prezzo ❑ interesse specifico per l'argomento

Le chiediamo ora qualche generica informazione anagrafica.

❑ uomo ❑ donna

Età

❑ 13-17 ❑ 18-24 ❑ 25-34

❑ 35-44 ❑ 45-54 ❑ oltre 54

Titolo di studio

❑ elementare ❑ media inferiore

❑ media superiore ❑ laurea

Professione

❑ studente ❑ impiegato

❑ operaio ❑ insegnante

❑ casalinga ❑ commerciante

❑ dirigente ❑ libero professionista

❑ artigiano ❑ agente/rappresentante

❑ disoccupato ❑ pensionato ❑ altro

Regione di residenza ____________________

OSSERVAZIONI ______________________________

____

____

FACOLTATIVO

Nome ______________________

Cognome ______________________

Via ________________ N. ________

Città ______________________

CAP ______________________

Ritagliare lungo la linea tratteggiata e spedire in una busta affrancata, indirizzando a:

Arnoldo Mondadori Editore
Direzione Marketing Libri
Casella postale 1000 – 20090 Segrate (Milano)

«Ordine e Disordine»
di Luciano De Crescenzo
I Miti
Arnoldo Mondadori Editore

Oscar Mondadori
Periodico bisettimanale:
N. 2994 del 28/08/1997
Direttore responsabile: Massimo Turchetta
Registr. Trib. di Milano n. 49 del 28/2/1965
Spedizione abbonamento postale TR edit.
Aut. n. 55715/2 del 4/3/1965 - Direz. PT Verona

ISSN 1123-8356

43265
1997